Nur ein paar Stündchen

4H

Nix wie raus, ganz schnell ins Grüne. Auch mit wenig Zeit lässt sich Großartiges erleben. Kleine und große Abenteuer warten direkt vor der Haustür.

Raus für einen Tag

12H

Man muss nicht das Land verlassen, um neue Welten zu entdecken. Einfach mal einen Tag lang raus aus dem Alltagsallerlei und rein in die Natur.

Ferien für ein Wochenende

36H

Warum auf die große Auszeit warten, wenn man einen Wochenendtrip in der Nähe machen kann? Vergnügen, Abenteuer und Wohlgefühl kompakt und intensiv.

Abenteuer

ESKAPADEN

AUSZEIT

AUSGLEICH

Wochenende

LÄCHELN

STADT. LAND. FLUSS.

FREE

LEICHTIG-KEIT

ERLEBEN

GRÜN

kleine Fluchten

Wege

Lebensfreude

NATUR

GLÜCK

von Oliver Gerhard

LIEBE LESERIN, LIEBER LESER,

das Element Wasser ist in Potsdam und dem Havelland überall präsent – nicht nur entlang der Havel und ihrer Seitenarme, sondern auch mit zahlreichen Seen, Teichen und Feuchtgebieten, Überschwemmungswiesen und Kanälen. Es macht die meisten Eskapaden hier so abwechslungsreich.

Was liegt daher näher, als die Region nicht nur zu Fuß und mit dem Rad, sondern auch mit dem Kanu und dem Hausboot zu erkunden. Die nächste einsame Badestelle ist meist nicht weit. Auch in Potsdam muss man nie lange suchen, bis man wilde Natur findet – selbst mitten in den Parks des Weltkulturerbes fühlt sich der Graureiher wohl.

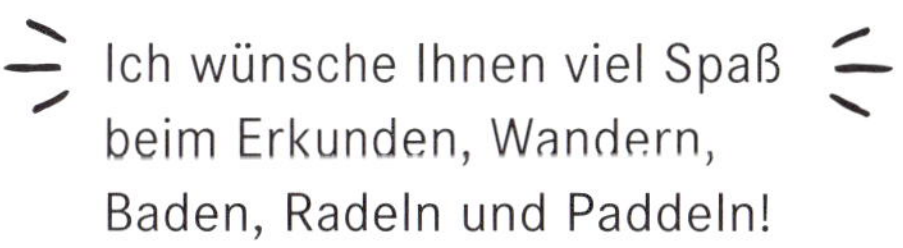

Ich wünsche Ihnen viel Spaß beim Erkunden, Wandern, Baden, Radeln und Paddeln!

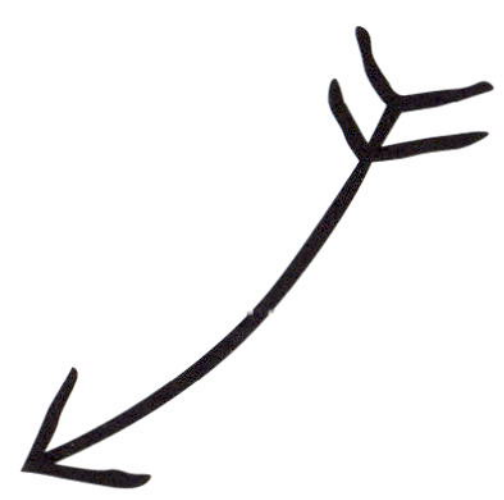

PS: Informationen zum GPX-Download gibt's auf Seite 224.

AUSZEIT. ABENTEUER. LEBENSFREUDE.

1. KAPITEL ABSTECHER

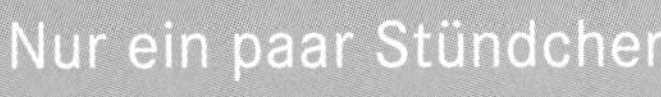

Nur ein paar Stündchen

Den Spuren Otto Lilienthals folgen, durch die Potsdamer Schweiz flanieren und einen einsamen See auf schmalen Pfaden umrunden – Ideen für eine kleine Auszeit.

4H

ZUR BALZ DER GROß-TRAPPEN

... ins Havelländische Luch

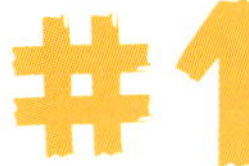

Sie sind besonders selten und stark gefährdet: In ganz Deutschland gibt es nur knapp 350 Großtrappen – Tendenz zum Glück steigend. Ihre größte Population lebt im Naturschutzgebiet Havelländisches Luch, wo man sie von Beobachtungstürmen und auf geführten Touren bei der Balz erleben kann.

#RoteListe #MärkischerStrauß #Balzzeit #Frühaufsteher

Die Bewohner von Garlitz sind stolz auf ihr reges Dorfleben (links). Zeigen, was man hat: Großtrappe bei der Balz (rechts)

Gute Nachrichten sind selten geworden im Artenschutz, daher freut man sich im Havelländischen Luch besonders, dass der Bestand der stark gefährdeten Großtrappen wieder zunimmt. Mit einem Gewicht von bis zu 17 Kilo zählt der Märkische Strauß zu den größten flugfähigen Vögeln der Welt. Ursprünglich ein Steppenbewohner, benötigt die Großtrappe weite, störungsfreie und insektenreiche Landschaften mit einer vielfältigen Vegetation – doch diese sind aufgrund der intensiven Landwirtschaft selten geworden.

Mitte der 1990er-Jahre war der Märkische Strauß mit 56 Exemplaren in Deutschland akut vom Aussterben bedroht. Seitdem hat sich der Bestand immerhin fast versechsfacht, nämlich auf knapp 350 Tiere, weil Naturschützer, Landwirte, Behörden und ehrenamtliche Helfer an einem Strang ziehen. Das größte der drei letzten Brutgebiete befindet sich im Havelland, wo man die Vögel mit etwas Geduld bei der Balz beobachten kann. Ende März geht es los, im Mai klingt die Balzzeit aus.

Es ist ein faszinierendes Naturschauspiel, das vor allem am frühen Morgen und in der Abenddämmerung stattfindet. Die Hähne stülpen dabei ihr weißes Untergefieder nach außen, blasen ihren Hals auf und stellen die

Bartfedern nach oben. Zwei Beobachtungstürme – einer im Ort Garlitz, der andere zwischen Garlitz und Buckow – dienen dabei als Logenplatz. Übrigens lohnt sich auch ein Spaziergang durch die beiden Bilderbuchdörfer.

In Garlitz gibt es einen Rundweg mit Tafeln (Flyer unter www.garlitz.de). Und die Kirche in Buckow hat einen rund einstündigen Pilgerweg eingerichtet (www.wallfahrtskirche-buckow.com).

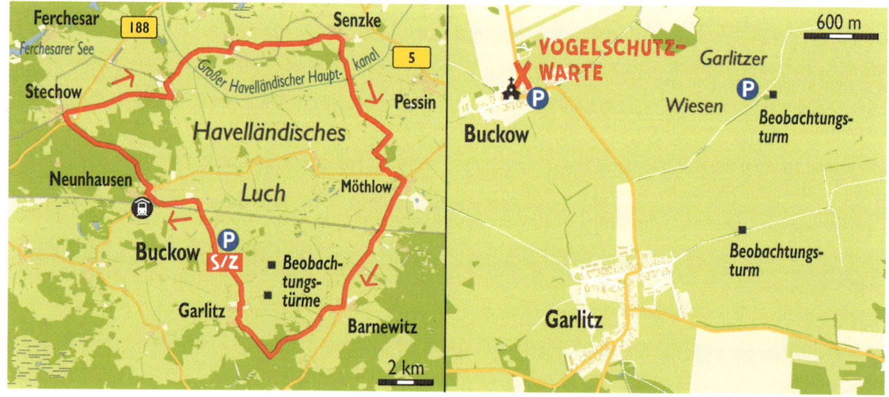

Backsteinpracht im Foto und Wandgemälde: die mittelalterliche Dorfkirche von Buckow. Die Türme zur Vogelbeobachtung sind dagegen aus Holz.

Für einen tieferen Einblick bucht man eine geführte Tour beim Naturpark Westhavelland (www.westhavelland-naturpark.de) oder beim Förderverein Großtrappenschutz (www.grosstrappe.org). Diese Exkursionen starten an der Vogelschutzwarte in Buckow. Die meisten Wege sind in dieser Zeit für Wanderer gesperrt, um die Balz nicht zu stören.

Doch nicht enttäuscht sein, wenn man einmal Pech hat: Großtrappen sind äußerst scheu. Immerhin erlebt man von den Türmen noch mehr heimische Tierwelt, denn Rehe und Hasen, Kiebitze und Kraniche sowie viele weitere Vogelarten haben hier ihr Revier. Außerhalb der Balzzeit verteilen sich die Trappen auf die umliegenden Felder, wo man sie im Rahmen einer offiziellen Radroute (44 Kilometer) mit etwas Glück sichten kann.

Hin & weg: Am besten mit dem Auto, alternativ mit dem RE 4 (Jüterbog–Berlin–Rathenow/Stendal) bis Nennhausen, dann weiter mit dem Rad (8–9 km). Parkmöglichkeit an den Beobachtungstürmen.

Beste Zeit: Zur Balzzeit von Mitte März–Mitte Mai, morgens zwischen Dämmerung und ca. 9 Uhr, abends zwischen 17 Uhr und Sonnenuntergang. Die Beobachtungstürme sind ganzjährig geöffnet.

Dauer: Je nach Geschmack, Temperatur und Sichtungserfolg 1–3 Std.

Ausrüstung: Fernglas oder Spektiv, Kamera mit starkem Teleobjektiv, warme Kleidung in gedeckten Farben, etwas Proviant und ein warmes Getränk.

FAZIT: DIE BALZ DER SELTENEN GROẞTRAPPEN IST EIN EXOTISCHES GÄNSEHAUTERLEBNIS.

AUF DEM HEILIGEN BERG

#2

Der Marienberg in Brandenburg an der Havel muss eine besondere Aura haben, weil alle von den Germanen über die Slawen bis zu den Christen hier ihre Tempel und Kirchen errichteten. Heute erlebt man eine bunte Grünanlage mit tollem Blick auf die Stadt – und den höchstgelegenen Biergarten der Mark.

#Kraftort #Aussichtsturm #DDRFlair #über180Stufenmusstdugehen

Ein Herz für den Marienberg: Liebesbotschaft im Baumversteck. Der Rosengarten liegt auf halber Strecke zur Friedenswarte.

Inmitten der vielen Highlights in Brandenburg an der Havel geht der Marienberg mit seinem Aussichtsturm in DDR-Optik leicht unter. Wer sich an den Aufstieg macht, erlebt eine grüne Oase, um die sich viele spannende Geschichten ranken. Startpunkt eines Spaziergangs ist der Nicolaiplatz, wo zwischen Bergstraße und Am Rosenhag der Aufstieg zum knapp 70 Meter hohen Gipfel beginnt.

Wie wäre es mit einer Verschnaufpause auf halber Höhe? Dafür bietet sich die Muschelgrotte an, die in einen üppigen Rosengarten eingebettet ist. Dann führen zwei Laubengänge aus Linden bis zur Friedenswarte. Dieser Turm entstand 1974 zum 25. Jahrestag der DDR – jedes der fünf Stockwerke steht für fünf Jahre Landesgeschichte. Bitte nicht den Blick von der Aussichtsplattform versäumen, er reicht bis weit ins Havelland. Der Turm ist das jüngste von vielen Bauwerken auf dem Marienberg: Die Germanen verehrten hier die Göttin Freya und die Slawen zunächst ihren dreiköpfigen Gott Triglav, später die Jungfrau Maria. Die namensgebende Marienkirche, die heute nicht mehr existiert, zog im Mittelalter Tausende von Pilgern an. Mönche legten

---

Hin & weg: Mit dem RE 1 aus Richtung Magdeburg oder Berlin, weiter mit Tram 1 oder 6 bis zum Nicolaiplatz am Südeingang des Parks.

Beste Zeit: Am besten zur Blütezeit vom Frühjahr bis Frühsommer. Der Aussichtsturm ist von November bis April geschlossen.

Dauer & Strecke: Je nach Geschmack 2–3 km, 1–2 Std.

Ausrüstung: Ein Fernglas für den Blick über Stadt und Havelland.

Die Urversion der Muschelgrotte entstand aus gespendeten Muscheln. Der Weinberg ist wesentlich älter.

damals auch einen Weinberg an, der lange Früchte trug.

Erst im 19. Jahrhundert wurde der Wein ungenießbar: »Hüte Dich vor dem heimischen Wein, sonst gehst Du wohl bald zur Ewigkeit ein«, hieß es daher in einem Spottgedicht von 1920. Doch heute kann man – dank des Klimawandels – auf dem Gipfel wieder durch Weinreben der Sorten Johanniter und Solaris spazieren, die nach ökologischen Prinzipien angebaut werden.

Erschöpft vom »Bergsteigen«? Dann lockt das Restaurant zwischen Turm und Weinberg – immerhin mit dem höchstgelegenen Biergarten des Landes Brandenburg in historischem Ambiente. Nebenan erstreckt sich ein Staudengarten, der wie die meisten Anlagen im Bürgerpark zur Bundesgartenschau 2015 entstand. Weiter geht es über den Panoramaweg rund um den Hügel, vorbei am verwilderten Mariengrund, einer Freilichtbühne, dem Marienbad und einem Abenteuerspielplatz in Form eines hölzernen Drachens. Abstieg wieder über die Friedenswarte.

Tipp: Wer Sport machen möchte, findet auf dem Marienberg einen Fitness-Trail mit 1200 Meter langer Laufrunde und drei Stationen mit Trainingsgeräten.

FAZIT: EINE GRÜNE OASE, IDEAL ZUM VERSCHNAUFEN ZWISCHEN DEM SIGHTSEEING.

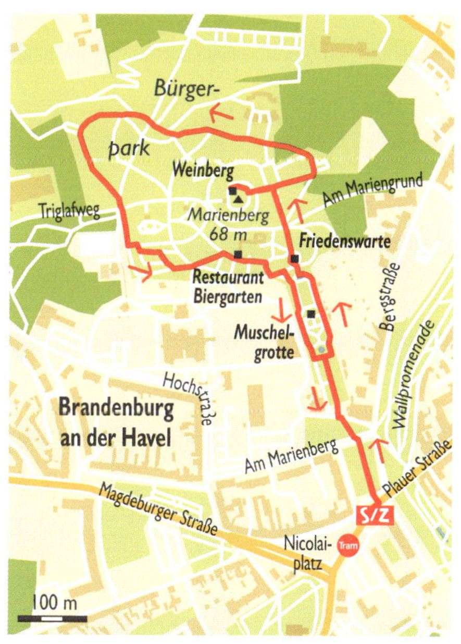

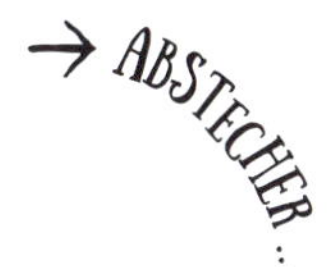

JASMINTEE UND MEDITATION

Wie schmeckt Drachenbrunnentee? Wie groß ist eine 180 Jahre alte japanische Schwarzkiefer? Und was ist ein »eingeschlossener Garten«? Antworten auf diese und viele andere Fragen findet man im Bonsaigarten in Ferch, der Hommage eines Bonsaisammlers an die japanische Kultur und Lebensart.

#Japanliebe #Teezeremonie #bonbonfarben #Bonsaimeister

Meditieren oder doch lieber Plaudern: Zengarten vor dem Teehaus.

Die Japanischen Azaleen blühen! Wie große, flauschige Sitzkissen in Lila, Purpur und Rosa leuchten die Zierpflanzen aus den sorgsam geschnittenen Grasflächen hinter einem weißen Kieselbett. Frühlingsstimmung im japanischen Bonsaigarten in Ferch (www.bonsai-haus.de)! Ein Spazierweg schlängelt sich durch die rund 3000 Quadratmeter große Anlage, die sich in einem Wohnviertel nahe des Schwielowsees versteckt. Je nach persönlicher Vorliebe erlebt man hier jeden Monat andere exotische Zier- und Bonsaigewächse in ihrer Blüte: im April die Kamelien und Kirschbäume, gefolgt von den Azaleen im Mai. Im Juni blühen die Satsuki-Azaleen, im Sommer die Hortensien. Im September legen die Chrysanthemen los und zum Saisonausklang im Oktober beginnt die Herbstfärbung der Bäume.

Ein japanischer Pavillon mit charakteristisch gewölbtem Dach liegt im Herzen des Gartens am Ufer eines Teichs. In dem moosig leuchtenden Wasser tummeln sich Farbkarpfen, die berühmten Kois. Darum gruppieren sich kleine Themengärten wie der »eingeschlossene Garten«, der Wandel- oder der Kirsch- und Hortensiengarten. Auf Bänken oder der Veranda des Pavillons genießt man die Farbenpracht.

Der exotische Garten ist ein Herzensprojekt von Tilo Gragert, der schon als Kind im Bonsaibuch seiner Mutter schmökerte. Nach der Wende reiste er nach Japan, um bei Bonsaimeistern in die Lehre zu gehen. Die gewonnenen Ideen setzte er auf einem brachliegen-

»Japanische Gärten vereinen künstlerische, ästhetische, religiöse und gesellschaftliche Aspekte«, sagt Gründer Tilo Gragert. Zu einem Wandelgarten gehören Teiche, Brücken und ein Pavillon.

den Grundstück um. Viele der Bäume, die er pflanzte, stammen aus Japan - der älteste ist eine 180 Jahre alte Schwarzkiefer.

Mit der Zeit hat sich der Bonsaigarten in ein Zentrum japanischer Kunst und Kultur entwickelt. So kann man bei einer Tasse Jasmin-, Schatten- oder Drachenbrunnentee in die Betrachtung des kleinen Zengartens versinken, dessen strenge Geometrie zur Meditation anregen soll. Es gibt Bonsais zu kaufen und Tilo Gragert veranstaltet regelmäßig Workshops und Meditationsabende.

Direkt gegenüber dem Garten geht es hinab zum idyllischen Uferweg am Schwielowsee, der bis ins Ortszentrum führt. Beliebt zur Einkehr ist der Biergarten im Haus am See (www.hotel-hausamsee.de).

FAZIT: EINE BLÜHENDE OASE DER STILLE UND MEDITATION – MIT EINBLICKEN IN DIE JAPANISCHE KULTUR.

Hin & weg: Bus 607 bis Ferch Mittelbusch. Parkplatz an der Ecke Fercher Str./Mittelbusch. Den Besuch kann man aber auch in eine Radtour rund um den Schwielowsee einbauen.

Beste Zeit: In der Blütensaison von April–Ende Oktober.

Dauer & Strecke: Mit Einkehr im Teehaus 1,5–2 Std.

Ausrüstung: Fotoapparat.

DURCH DIE POTSDAMER SCHWEIZ

#4

Sehnsucht nach der Schweiz? Nach Bergen, Wäldern und Holzbauten? Sie lässt sich leicht in Klein Glienicke stillen, wo Ende des 19. Jahrhunderts ein Dutzend Schweizerhäuser errichtet wurde. Aber warum trug der Ort früher den Spitznamen Blinddarm der DDR?

#Bilderbuchschweiz #BerlinerMauer #EnverPascha #ausHolzgeschnitzt

Eine Tour für Grenzgänger: Bei diesem Spaziergang durch den Potsdamer Stadtteil Klein Glienicke überquert man viermal die Grenze zwischen den Bundesländern Berlin und Brandenburg. Der damals streng bewachte Ort war eine Exklave der DDR, an der engsten Stelle gerade einmal 15 Meter breit, darum wurde er als Blinddarm der DDR bezeichnet.

Start ist an der Glienicker Brücke, die man bequem mit Bus oder Tram erreicht. Über eine Treppe geht es in den Park des Jagdschlosses

Der Friedhof von Klein Glienicke (links) lag einst in der DDR, der nur wenige Meter entfernte Park des Jagdschlosses Glienicke gehörte zu West-Berlin. Verwunschener Wasserweg: Der Bäkegraben durchschneidet die Siedlung (rechts).

Glienicke – vom Uferweg aus sieht man schön die Potsdamer Skyline mit ihren Kirchtürmen. Das mehr als 300 Jahre alte Schloss ist nicht zugänglich, darum verlässt man den Park durch eine rostige Pforte in einem Mauerpavillon und biegt rechts auf die Mövenstraße ab.

Gut 100 Meter hinter der Backsteinkapelle des Ortes blitzt bereits das erste Schweizerhaus zwischen den Bäumen hindurch: hölzerne Balkone, geschnitzte Blumen, ein riesiges Geweih. Im Frühling, wenn die Gärten zwischen den Häusern in voller Blüte stehen, sieht es hier besonders idyllisch aus. Prinz Carl von Preußen ließ in der zweiten Hälfte des 19. Jahrhunderts die ersten zehn Schweizerhäuser errichten, heute Weltkulturerbe.

Am besten, man lässt sich einfach treiben durch die Waldmüllerstraße, entweder an der Häuserzeile oder am Ufer des Bäkegrabens entlang. Es gibt auch noch Relikte aus Mauerzeiten, zum Beispiel ein altes Konsum-Schild. Nicht den Abstecher nach rechts zur kleinen Parkbrücke über den Teltowkanal versäumen: Dort hat man einen hübschen Blick in den Park Babelsberg und zur Enver-Pascha-Brücke, seit 1945 eine Ruine. Nebenan liegt mit dem Wartmanns ein beliebter Biergarten am Wasser.

Keine Schweiz ohne Alpen. Am Ende der Waldmüllerstraße (zuerst noch den Admiral-Scheer-Blick über den Teltowkanal genießen) geht es links aufwärts zum 66 Meter hohen Böttcherberg. Kurz hinter dem letzten Haus auf der linken Seite führt ein Weg in den Wald und zur historischen Loggia Alexandra. Dann spaziert man weiter Richtung Glienicker Brücke. Wer verwunschene Orte mag, erkundet unterwegs noch den Friedhof von Klein Glienicke.

FAZIT: EIN ALPENLÄNDISCH ANGEHAUCHTES IDYLL FÜR EINEN AFTER-WORK-SPAZIERGANG MIT EINKEHR.

Hin & weg: Vom Potsdamer Hauptbahnhof mit der Tram 93 zur Glienicker Brücke, alternativ vom S-Bahnhof Wannsee mit Bus 316 anreisen.

Beste Zeit: Im blühenden Frühling und an warmen Tagen, wenn auch der Biergarten geöffnet hat.

Dauer & Strecke: 1–2 Std., knapp 4 km.

Ausrüstung: Lust auf Alpenfeeling, Fotoapparat.

NACH DEM REGEN

... durch das grüne Caputh

Es tropft noch von den Bäumen, dicke Pfützen bedecken die Wege am Templiner See – warum nicht einmal bei Schmuddelwetter durch Albert Einsteins Sommerfrische spazieren: durch Kirch- und Schlosspark, an der Havel entlang und in das Naturschutzgebiet um den Caputher See.

#Regenspaziergang #amHavelufer #LennéGarten

Angeln gilt in Brandenburg als »Breitensport«, auch am Templiner und Caputher See (links). Zu den Bäumen im verwilderten Kirchgarten zählt auch eine Luthereiche (rechts).

→ ABSTECHER …

Wildromantisch mit hohen Bäumen, Efeuteppichen, verwitterten Gedenktafeln und Grabsteinen umgibt der Kirchgarten die Caputher Dorfkirche nach Plänen von Friedrich August Stüler. Direkt nebenan liegt die Touristinfo, Ausgangspunkt dieses Spaziergangs. Es geht zunächst durch den von Peter Joseph Lenné geplanten Schlosspark mit seinen uralten Linden, Buchen und Platanen, vorbei am barocken Lustschloss – dem einzig erhaltenen aus der Zeit des Großen Kurfürsten.

Nach einem Blick über den Templiner See führt die kleine Krugwinkelbrücke in den Krughof, den ältesten Teil des Ortes mit kleinen Häuschen und Gärten. Gleich hinter der

Brücke kann man einen Blick in die aktuelle Ausstellung der SchlossGalerie Haape werfen (www.schlossgalerie-haape.de). Nur wenige Schritte weiter erfährt man im Heimathaus bei Kaffee und Kuchen mehr über die Dorfgeschichte (www.heimatvereincaputh.de).

Ein Kopfsteinpflasterweg verläuft weiter zur Havel, wo Boote dümpeln und sich bunte Gärten aneinanderreihen. Über die Weberstraße erreicht man einen weiteren Uferweg mit Datschen und üppigen Gärten. Wie wäre es mit einem Snack zwischendurch? In der Fischerei Lechler gibt es Brötchen mit Räucheraal (www.lechler-bootsstaende.de).

Wenn der Hunger größer ist, lohnt ein Abstecher zum Fährhaus Caputh mit seiner überdachten Terrasse am Wasser (www.faehr

Die Caputher müssen eine besondere Vorliebe für Gärten haben, angefangen beim Schlosspark mit seinem alten Baumbestand bis hin zu Privatgärten, zum Beispiel vor dem historischen Heimathaus.

haus-caputh.de), wo man dem Treiben an der Seilfähre Tussy zusehen kann.

Dann folgt man der Straße der Einheit und der Schulstraße zur Nordspitze des Caputher Sees. Kurz hinter den letzten Häusern durchquert man einen Hain mit prächtigen Eichen und spaziert auf dem Uferweg durch den dichten Wald des Naturschutzgebietes, das zwei Drittel des Sees einschließt. Überall verstecken sich Boote im Schilf, auf dem Wasser sieht man Blesshühner und Haubentaucher. Und wenn der Regen vorbei ist, locken auch mehrere Badestellen. Übrigens war in den Wäldern rund um Caputh Anfang der 1930er-Jahre auch Albert Einstein unterwegs, der hier ein Sommerhaus besaß (www.einsteinsommerhaus.de). »Komm nach Caputh, pfeif auf die Welt!« schrieb der Nobelpreisträger damals seinem Sohn Eduard.

FAZIT: EINE BUNTE MISCHUNG ZWISCHEN KULTIVIERTEM LENNÉ-PARK, GÄRTEN UND NATUR.

Hin & weg: Mit Bus 607 ab Potsdam Hauptbahnhof bis Schloss Caputh; großer Parkplatz in der Michendorfer Chaussee, kleinerer gegenüber der Touristinfo im Bürgerhaus.

Beste Zeit: Frühjahr–Herbst.

Dauer & Strecke: Ca. 2 Std., 7,5 km.

Ausrüstung: Je nach Wetter Regenschirm oder Badesachen.

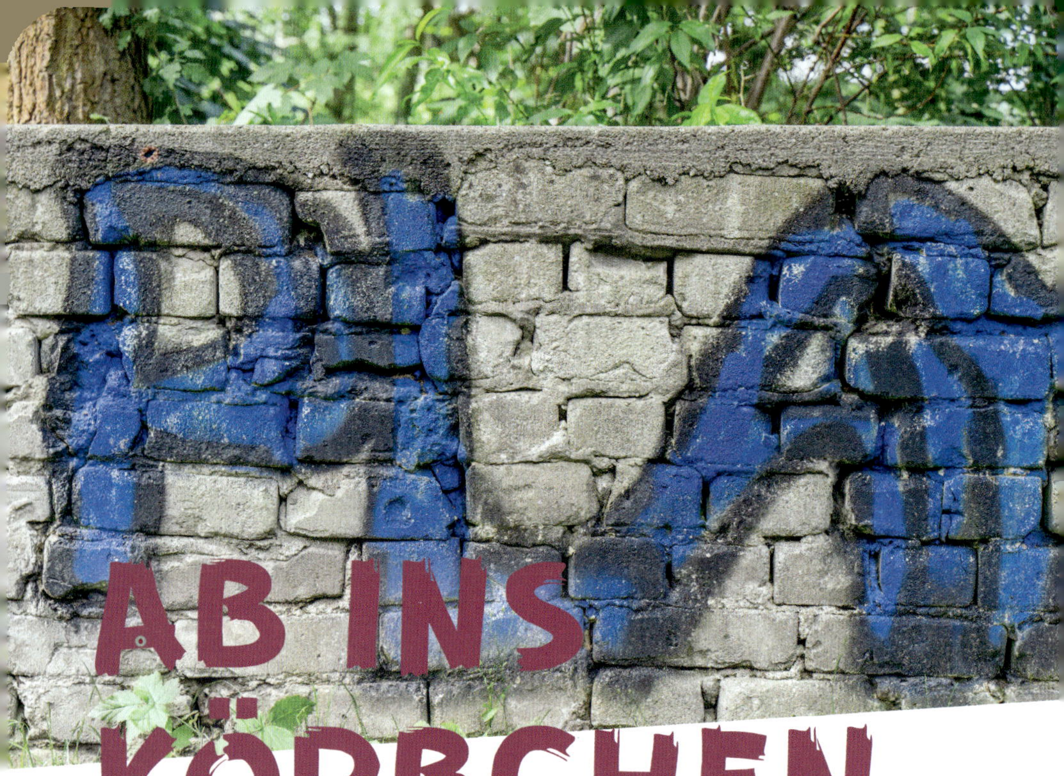

AB INS KÖRBCHEN

... im Volkspark Potsdam

#6

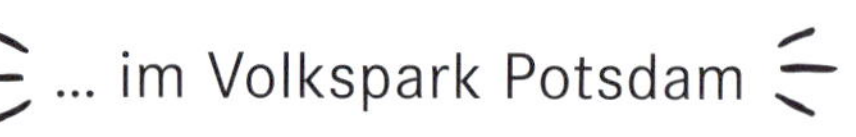

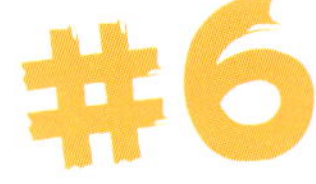

Was passiert, wenn man Frisbee, Golf und Basketball zu einer neuen Sportart kombiniert? Beim Discgolf im beliebtesten Freizeitpark der Potsdamer kann man es probieren. Auf einem Parcours mit 15 Stationen rund um einen Eichenwald müssen Golfscheiben in große Körbe versenkt werden.

#querfeldein #Wurfgeschosse #Remisenpark #Buga

Der Discgolfparcours führt auch durch Streuobstwiesen.

Im Volkspark Potsdam (www.volkspark-potsdam.de) wird wieder scharf geschossen – besser gesagt, geworfen. Wo über Jahrhunderte Soldaten trainierten und marschierten, sausen heute bunte Plastikscheiben durch die Landschaft. Der Verein Hyzernauts (www.hyzernauts.de) betreibt hier einen Discgolfparcours mit 15 Stationen. Die Sportart entstand in den 1970er-Jahren in den USA und kurz darauf gründeten sich erste Gruppen in Deutschland. Heute soll es rund 3000 Aktive bei uns im Land geben.

Die Kulisse für das Spiel könnte kaum idyllischer sein: Im 60 Hektar großen Volkspark, der 2001 für die Bundesgartenschau ent-

stand, gibt es einen Rosengarten, üppige Staudenbeete, einen Rhododendrenhain, einen mediterran bepflanzten Pyramidengarten aus Trockenmauern, Streuobstwiesen, Wälle voller Lavendel und einen historischen Eichenhain, der noch von Peter Joseph Lenné angelegt wurde.

Am Rande dieser knorrigen Bäume, im sogenannten Remisenpark, befindet sich der Startpunkt des Discgolfparcours. Die Scheiben erhält man gegen eine geringe Leihgebühr im Infopavillon am Haupteingang an der Biosphäre (Georg-Hermann-Allee 101) und bei der Minigolfanlage weiter nördlich (Öffnungszeiten beachten). Dazu bekommt man einen Lageplan und eine Scorecard, in die man die Punktzahl eintragen kann. Die Regeln sind unkompliziert: Erst werfen die Spieler nacheinander, dann immer derjenige, dessen Scheibe am weitesten vom Zielkorb entfernt liegt, bis alle Scheiben eingeputtet sind. Doch Vorsicht, hin und wieder flitzt plötzlich mal ein Radler oder eine Horde Kinder durch die Wurfbahn – schließlich ist dies ein öffentlicher Park. So arbeitet man sich von Abwurfplatz zu Abwurfplatz. Bis zu 125 Meter beträgt die Distanz zu den einzel-

---

Hin & weg: Tram 96 vom Hauptbahnhof bis Station Volkspark (Scheibenverleih) oder Viereckremise (Scheibenverleih und Parcours).

Beste Zeit: Frühling–Herbst. Morgens nach Öffnung des Verleihs ist es auf dem Parcours am ruhigsten.

Dauer: 2–4 Std., abhängig von der Teilnehmerzahl.

Ausrüstung: Scheiben und Scorecard vom Infopavillon am Haupteingang, sportliche Kleidung.

Ein paar Scheiben, eine Scorecard – und der Wettkampf am Kettenkorb kann beginnen.

nen Körben, in denen Metallketten die Scheibe auffangen. Damit es nicht allzu einfach ist, gibt es Strafzonen: Trifft man hier daneben, drohen Strafpunkte – aber auch die Brennnesseln nach einem Fehlwurf sind manchmal schon schlimm genug ...

Noch mehr Bewegung gewünscht? Der Volkspark wartet auch mit einer Kletteranlage, Trampolinen sowie Minigolf, einer Boulebahn und einem Mitmachzirkus auf. Und für eine Stärkung zwischendurch bietet das Café im Jurtendorf Nomadenland neben dem Parcours ökologische Snacks und Getränke.

FAZIT: CHILLIGER SPORT, AM BESTEN MIT EIN PAAR FREUNDEN ODER KINDERN ZU GENIEßEN.

BEIM PIONIER DER LÜFTE

#7

Der älteste Flughafen der Welt liegt in Stölln im Westhavelland: Otto Lilienthal nutzte den gut 100 Meter hohen Gollenberg für seine Flugversuche und verunglückte hier 1896 tödlich. Ein Wanderweg führt zu seiner Übungsstrecke – und zu einem ungewöhnlichen Exponat neueren Datums.

#IkarusdesNordens #LadyAgnes #Flugpionier #Iljuschin

Skizzen und Konstruktionszeichnungen des Flugpioniers bedecken die Stele der »Windharve« auf dem Gollenberg.

Die meisten Wanderer bleiben schon am Startpunkt hängen: Vor dem Lilienthal-Centrum Stölln (www.otto-lilienthal.de) brütet regelmäßig ein Storchenpaar. Unter dem Nest erinnert ein leuchtend gelber Doppeldecker an die lokale Fluggeschichte. Flugpionier Otto Lilienthal übte ab 1893 auf dem Hausberg des Ortes mit seinen Fluggeräten und meisterte dabei erstmals eine Kehrtwende. Ein Museum in der einstigen Dorfbrennerei dokumentiert das Schaffen des Ingenieurs, der auch als Fabrikant und Theatermacher tätig war. Zu sehen sind unter anderem 15 seiner Flugmodelle.

Vom Lilienthal-Centrum geht es nach links über die Hauptstraße, dann nach 100 Metern wieder links und quer durch den Bürgerpark; der einstige Gutspark wurde für die Bundesgartenschau 2015 aufgehübscht. Am Feldrand biegt man rechts ab und folgt dem gepflasterten Weg am Ortsrand entlang, danach der Otto-Lilienthal-Straße, die von Infotafeln und Flugmodellen gesäumt ist.

In einer Linkskurve geht es nach rechts in die Straße am Gollenberg, wo bald ein ausgefalle-

---

Hin & weg: Am schnellsten mit dem Auto. Ab Rathenow verkehrt zwei bis viermal täglich Bus 687, an Wochenenden auch Bus 684.

Beste Zeit: Frühjahr–Herbst. Das Besucherzentrum und Lady Agnes haben November–Februar geschlossen.

Dauer & Strecke: 1,5–2 Std., gut 5 km.

Ausrüstung: Ein Picknick für den Aussichtspunkt auf dem Gollenberg.

Otto Lilienthal ließ sich bei seinen Flugversuchen von der Vogelwelt des Havellandes inspirieren. Heute brüten regelmäßig Störche vor dem Besucherzentrum.

nes Exponat zu sehen ist: eine Iljuschin Il-62 der DDR-Fluglinie Interflug. Lady Agnes heißt die ausgemusterte Maschine, die ein Pilot hier 1989 spektakulär auf dem Acker landete. Der Zusammenhang mit Lilienthal mag etwas konstruiert sein, aber der Anblick ist trotzdem außergewöhnlich. Eine Ausstellung informiert über die Interflug.

Der Wanderweg führt jedoch schon auf dem Parkplatz von Lady Agnes nach links, vorbei am Denkmal für Lilienthals Assistenten steil nach oben und kurz vor der Bergkuppe erneut links bis zur Spitze. Ende des 19. Jahrhunderts war der Gollenberg fast kahl, sodass nichts die Flugversuche behindert. Heute läuft man durch dichten Wald, mit tollem Blick auf die Weite des Havellandes.

Auf dem Gipfel wartet schon Otto Lilienthal, dargestellt mit Vogelfedern als Armen in der Skulptur Windharfe – starker Wind bringt die gespannten Drähte zum Klingen. Mit der herrlichen Aussicht ist der Platz perfekt für ein Picknick, am besten als Belohnung nach dem Ab- und wieder Aufstieg über einen kurzen steilen Pfad zur Absturzstelle des Fliegers. In einem weiten Bogen marschiert man durch eine Heidelandschaft zurück zur Lady Agnes und nach Stölln.

FAZIT: WELTGESCHICHTE IM KLEINEN HAVELLAND BEI EINER ABWECHSLUNGSREICHEN KURZTOUR INKLUSIVE BERGBESTEIGUNG ERLEBEN.

Wiste ne
Beer ?
umm mar
röver.
k hebb
noch meh

AUF DIE BIRNE GEKOMMEN

Ribbeck ist nicht nur ein märkisches Bilderbuchdorf mit Herrenhaus, Kirche, Pfarrgarten und Störchen auf den Dächern, sondern auch Schauplatz eines berühmten Fontane-Gedichts. Hier kann man durch Birnengärten spazieren und die Frucht in Variationen von klassisch bis exotisch kosten.

#Fontane #Birnbaum #Tortentraum #Poesie #Dorfleben

Die Havel fließt auch mitten durch den Deutschen Birnengarten - zumindest heißt so ein Trio aus Skulpturen, die sich zwischen den Bäumen räkeln.

»Herr von Ribbeck auf Ribbeck im Havelland, ein Birnbaum in seinem Garten stand!« Mit diesen Zeilen beginnt eines der bekanntesten Gedichte von Theodor Fontane. »Junge, wiste ‚ne Beer?«, soll der Gutsherr zu den Dorfkindern gesagt haben, bevor er eine Frucht aus der Tasche zog. Ihn gab es wirklich - er lebte im Vorläufer des Schlosses, an dessen Eingang dieser Dorfspaziergang auf Birnenspuren beginnt.

In dem Herrenhaus erinnert ein originelles neues Museum an Fontane und den Birnbaum und vor dem Gebäude stehen 16 Birnbäume in Reih und Glied: aus jedem Bundesland einer - vom Stuttgarter Gaishirtle bis zur Nordhäuser Winterforelle. Die Dorfbewohner beobachten mit Argusaugen, welcher Baum gerade kränkelt und welcher besonders gut im Saft steht.

Nach der Wende bot der Dorfpfarrer Besuchern als Erstes Kaffee und Kuchen an. Heute kehrt man im Alten Waschhaus auf ein Stück Birnentorte ein.

Achtung, das Pflücken der reifen Birnen ist ausdrücklich erlaubt!

Gleich nebenan in der Dorfkirche ist der Rest des legendären Birnbaums aus dem Gedicht zu sehen, der 1911 einem Sturm zum Opfer fiel: ein Stumpf mit viel Patina. An seinem einstigen Standort vor der Tür befindet sich heute Birnbaum Nummer 4. Er muss allerdings noch ein bisschen wachsen, bevor er üppige Früchte abwirft. Bislang enttäuscht er jedes Jahr noch mit sauren Babybirnen.

Lust auf eine Stärkung? Im Alten Waschhaus neben der Kirche, einer Mischung aus Museum, Hofladen und Café, kann man Originelles aus Birnen kaufen, von Birnenketchup bis Birnensalami. Im kleinen Garten serviert die Chefin persönlich Birnentorte, Birnenchili oder Birnengulasch.

Dann geht es vorbei an der Ribbecker Brennerei, einem Backsteinbau mit Storchennest auf dem Turm, in dem die Nachfahren des Gutsherren Birnenschnaps destillieren. Im angrenzenden Pfarrgarten, wo weitere seltene Birnensorten wachsen, spaziert man über Wiesenwege umher. Am Ende des Rundgangs liegt die einstige Dorfschule, ebenfalls mit einem Café. Der Verein, der es betreibt, hat das historische Klassenzimmer wiederhergestellt. Dorfbewohner steuerten Erinnerungsstücke bei und berichteten, dass das Schülerleben in Ribbeck nicht immer ein Birnenschlecken war.

FAZIT: BIRNEN BIS ZUM ABWINKEN AM SCHAUPLATZ VON FONTANES BERÜHMTEM GEDICHT.

Hin & weg: Von Berlin mit dem RE 14 nach Nauen, weiter mit Bus 661/680. Parkplätze an der Alten Schule und am Ortseingang.

Beste Zeit: Im Frühling zur Birnenblüte oder im Herbst zur Erntezeit. Die Cafés haben im Winter nur eingeschränkt geöffnet (www.alteschule-ribbeck.de, www.waschhaus-ribbeck.de).

Dauer & Strecke: Mit Schlossbesuch und Einkehr oder Picknick 2–3 Std., ca. 1 km.

Ausrüstung: Fotoapparat und Hunger, denn ein Stück Birnentorte sollte man unbedingt probieren!

KLETTERN, KRABBELN, HANGELN

... im Abenteuerpark Potsdam 

Auf dem Potsdamer Telegrafenberg kann man auch im Sommer »Snowboarden« und »Schlittenfahren«, auf einer rollenden Tonne durch die Luft balancieren oder mit schaukelnden Steigbügeln kämpfen – und das sind nur einige der Herausforderungen im Kletterwald.

#Seilrutsche #Bouldern #keineHöhenangst #Adrenalin

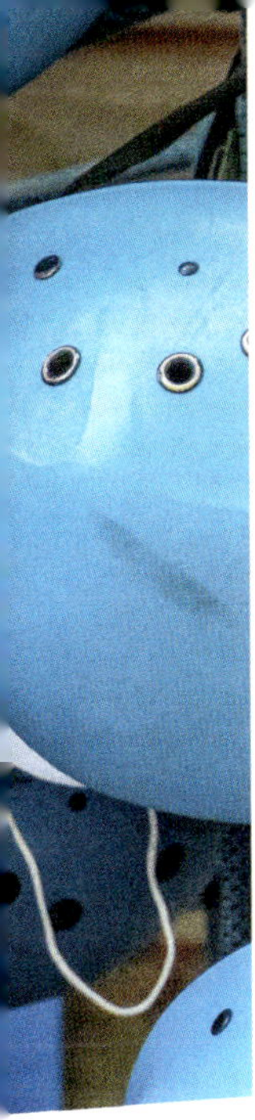

Safety first: Helm, Sicherung und Handschuhe sind im Abenteuerpark Pflicht.

Der höchste Gipfel des Havellands ist nur ein Hügel, Felswände gibt es in der Region gar nicht – wer hier klettern möchte, muss also kreativ werden. Der Abenteuerpark nahe dem Potsdamer Hauptbahnhof zählt mit zehn Parcours und einer Gesamtlänge von 1,7 Kilometern sowie 170 verschiedenen Elementen zu den größten Kletterwäldern im Osten Deutschlands. Die Palette reicht von der Kinderroute bis zur Profi-Challenge in zwölf Metern Höhe.

Sicherheit steht an erster Stelle, deshalb beginnt das Klettern immer mit einer Einweisung. Das geht bequem per Video, auch schon von zu Hause aus. Darin wird Schritt für Schritt

erklärt, wie man Helm und Klettergurt anlegt, die Stahlrolle für die Seilrutsche bedient und wie das Sicherungssystem funktioniert. Hat man sich an der großen Hauptplattform in einen Parcours eingeklinkt, bleibt man durchgehend bis zum Ausstieg gesichert.

Derart ausstaffiert, macht man sich zum Einstieg auf, wo Schilder den Weg zu den verschiedenen Parcours weisen. Am einfachsten ist die Kinderroute mit Kletterwand (Mindestgröße ein Meter), neben der Eltern herlaufen können, gefolgt von einer Einsteiger- und einer Newcomer-Strecke, wo man sich auf der Boxsackbrücke oder im Zickzack-Balkenpfad an das Hindernisklettern gewöhnt.

Das Highlight der Einsteigertour ist eine Slackline. Danach geht es höher in die Baumwipfel. Nicht ganz einfach ist zum Beispiel der Spezialisten-Parcours in fünf Metern mit einer Holztonne, auf der man vorwärts rollt, und mit einer Reihe Steigbügel, durch die man sich hangeln muss. Beim Fun-Parcours fährt man mit einem Schlitten und auf einem Snowboard durch die Luft.

Einen Adrenalinschub bekommt man auch auf der 200 Meter langen Seilrutsche in 16 Metern Höhe oder bei einem Sprung von einem zehn Meter hohen Holzstamm. Wer danach Nervennahrung braucht, setzt sich für einen Snack auf die hölzerne Terrasse des Waldcafés.

Tipp: Wer die Bodenhaftung nicht verlieren möchte, während die Kinder klettern, kommt am ersten Sonntag im Monat – dann begleiten Ranger den Nachwuchs.

Eine Herausforderung jagt die nächste: Netze, Strickleitern, Holzbohlen und eine Schaukel.

FAZIT: DREI ADRENALINREICHE STUNDEN, IN DENEN MAN TEILWEISE ÜBER SEINEN SCHATTEN SPRINGEN MUSS.

Hin & weg: Der Kletterwald mit Parkplätzen liegt gut zehn Gehminuten vom Potsdamer Hauptbahnhof entfernt (Ausgang Heinrich-Mann-Allee, Aufstieg bis zur Albert-Einstein-Str. 49).

Beste Zeit: Während der Saison von Ende März–Anfang November. Am besten zur Parköffnung kommen, dann ist es nicht so voll. Anmeldung unter www.kletterpark.info

Dauer: 3–4 Std.

Ausrüstung: Geschlossene, feste Schuhe und legere Kleidung. Schmuckstücke müssen zum Klettern abgenommen, Taschen und Rucksäcke können eingeschlossen werden.

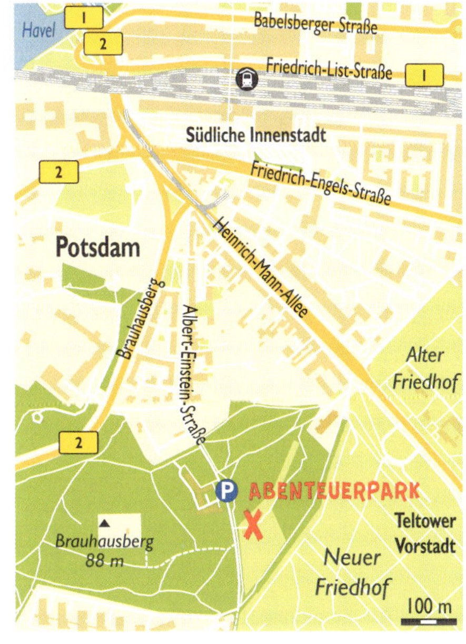

PALAST DER WEIDEN

Der Chiemsee liegt im Havelland – zumindest heißt so ein Abschnitt im Feuchtgebiet Damsdorfer Fenn. Ein kleines Moor, ein verwunschener Park und ein Picknick mit Badestopp am wohl einzigen Weidenpalast im Havelland machen den Reiz dieses Spaziergangs aus.

#Weidenpalast #Feuchtgebiet #Rhododendron

Werden und Vergehen im Feuchtgebiet: Umgestürzte Bäume säumen die Ufer des Sees, während auf kleinen Inseln frisches Grün sprießt.

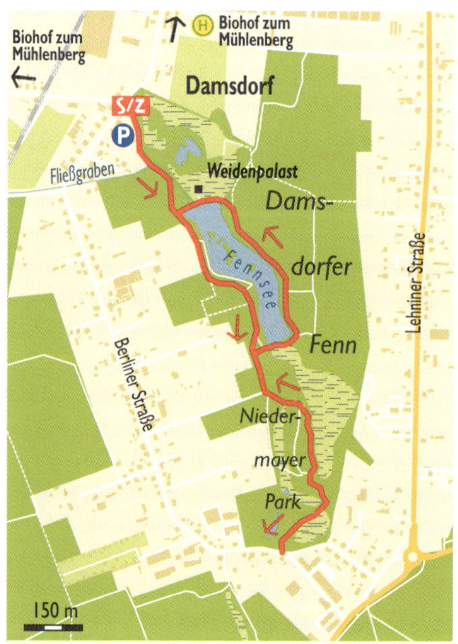

Meist kündigt schon ein Froschkonzert das Feuchtgebiet Damsdorfer Fenn an, wenn man von der Berliner Straße in dem kleinen Ort in die Straße zum Fenn biegt. Nach rund 400 Metern erreicht man das Nordufer des kleinen bis zu acht Meter tiefen Waldsees. Er entstand in den 1960er-Jahren aus einem Torfstich für die Gärtnereien der Region. Biberspuren und gefällte Bäume verraten, wer dort die Landschaft gestaltet.

Es geht am rechten Seeufer entlang, mit Blick über die Wasserwelt voller kleiner Inseln und sumpfiger Abschnitte. Bestimmt begegnet man ein paar Anglern, denn hier tummeln sich Karpfen, Forellen, Hechte und Rotfedern. Mit etwas Glück sieht man unterwegs Graureiher, Schwäne und Blässhühner. Sogar einige der scheuen Eisvögel soll es geben. Die Einheimi-

Nur Frühaufsteher und geduldige Angler erleben den Biber in Aktion – seine Spuren sind aber überall im Fenn präsent.

schen haben schon bis zu 20 Singvogelarten gezählt.

Am Südende des Sees spaziert man geradeaus weiter durch einen Mischwald mit alten Eichen. Am Ende des Weges an der Berliner Straße erstreckt sich ein zugewachsener Tümpel. Im Mai blühen vor Ort einige bis zu fünf Meter hohe Rhododendren, Reste des Niedermayer-Parks, den ein Diplomat in den 1920er-Jahren rund um seine Villa anlegte – und selbstbewusst Neu Chiemsee taufte. Das Gebäude brannte 1945 ab, die Vegetation blieb jedoch erhalten und verwilderte mit der Zeit.

Die Runde verläuft weiter über das linke Seeufer bis zu einer Holzterrasse am See mit Badestelle. Direkt daneben befindet sich ein Weidenpalast mit fast 500 Quadratmetern Fläche. Dank ihrer Robustheit und ihres schnellen Wachstums sind Weiden perfekt geeignet, um solche »lebenden Bauwerke« entstehen zu lassen – man muss dafür nur ein Bündel abgeschnittener Zweige in die Erde stecken. Es gibt mehrere Bänke und sogar eine Grillstelle, sodass man hier herrlich picknicken kann. Zu heiß sollte es aber nicht sein, denn die Weiden sind noch nicht dicht genug, um ein schattiges Dach zu bilden.

Tipp: Der Biohof zum Mühlenberg in Damsdorf hat eine sogenannte Milchtankstelle eingerichtet, an der man frische Rohmilch und weitere regionale Produkte aus dem Automaten mitnehmen kann (www.mühlenberg-reiterhof.de).

FAZIT: EIN ABWECHSLUNGSREICHER SOMMERSPAZIERGANG MIT AUSKLANG UNTERM WEIDENDACH.

Hin & weg: Bus 554 ab Brandenburg ZOB oder Busbahnhof Lehnin bis Damsdorf Bergstr. Ein Parkplatz liegt in der Straße zum Fenn.

Beste Zeit: Frühling–Herbst.

Dauer & Strecke: Gehzeit 1 Std., ca. 3 km.

Ausrüstung: Unbedingt an Mückenschutz denken. Picknick für die Rast im Weidenpalast.

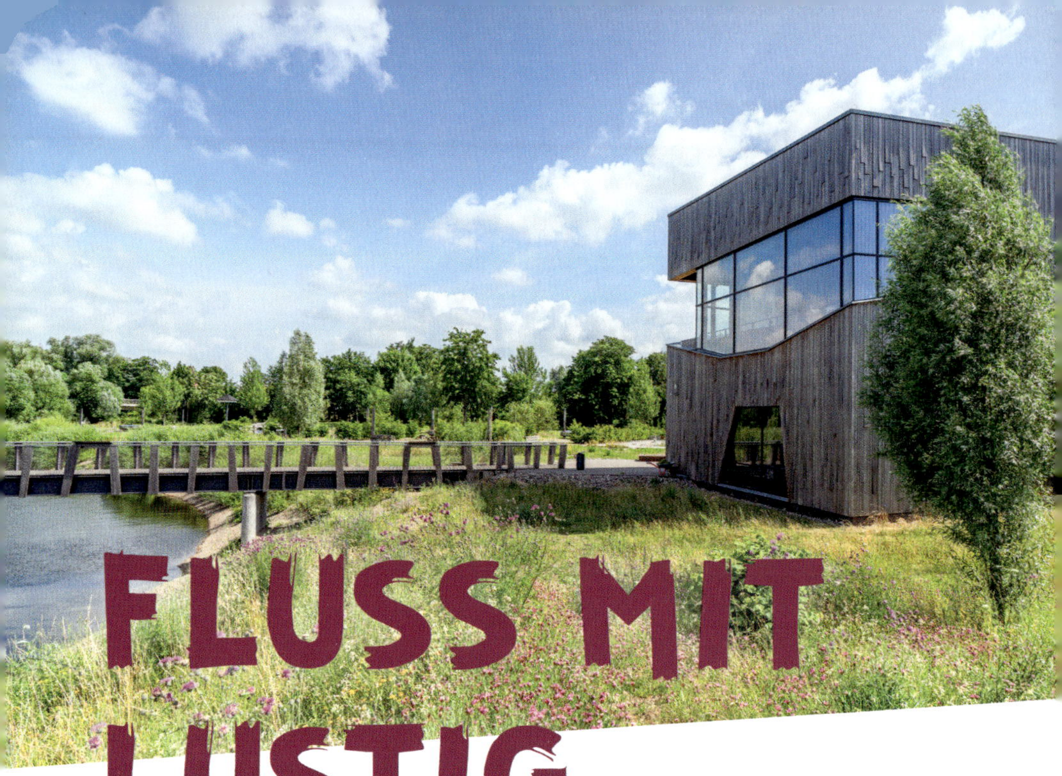

FLUSS MIT LUSTIG

… im Haus der Flüsse

#11

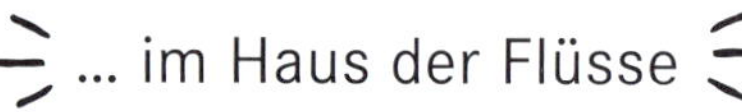

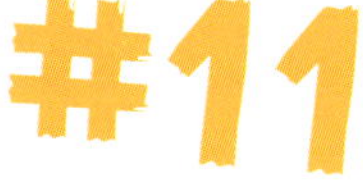

Alles hängt mit allem zusammen in den Flussauen zwischen Elbe und Havel – das vermitteln viele interaktive Module rund um das Informationszentrum Haus der Flüsse in Havelberg. Hier kann man durch eine Flussaue im Kleinformat spazieren oder einfach nur den Blick über die Havel genießen.

#Auenschutz #Biosphärenreservat #Natura2000 #nachhaltig

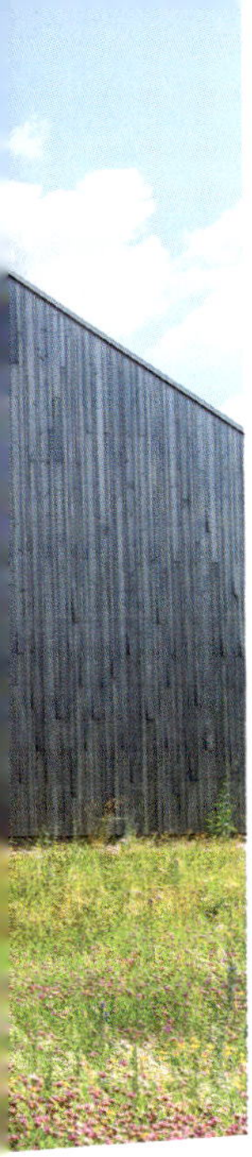

→ ABSTECHER ...

Außen die echte Flussaue an einem Altarm der Havel, innen die Simulation: das Haus der Flüsse.

Ein futuristischer Holzbau, der markant über der Havel thront, ist das neue Wahrzeichen von Havelberg. Mit Dachbegrünung, Vogelschutzglas, Wärmerückgewinnung und LED-Technik ist das Haus der Flüsse besonders nachhaltig errichtet worden – ein multimediales Informationszentrum für Natura 2000, das zusammenhängende Netz europäischer Schutzgebiete, zu dem die Region gehört.

Dafür wurden einstige Industrieflächen wieder in natürliche Gebiete verwandelt und nun überziehen Wildblumenwiesen das weitläufige Gelände mit ihrem Farbenspiel. Über einen langen Steg gelangt man zu einer Aussichtsplattform auf der Petroleuminsel, die vor ein paar Jahren noch nicht existierte: Als Teil des Projektes wurde ein Altarm der Havel wieder angeschlossen.

Wie verändert sich der Flusslauf, wenn ein Hindernis auftaucht? Welchen Blick haben Schaf und Ziege auf die Pflanzen? Die Ausstellung beantwortet Fragen zum Auenschutz.

Das gesamte Freigelände ist als Auenlandschaft angelegt, um die Naturkreisläufe zwischen Elbe und Unterer Havel zu simulieren. So läuft man in Ufernähe durch eine charakteristische Weichholzaue mit Mandel- und Purpurweiden. Weiter vom Fluss entfernt folgt die Hartholzaue mit Bäumen, die empfindlicher auf Überschwemmungen reagieren.

Zahlreiche Themenstationen vermitteln spielerisch, wie wichtig die Auen für Artenvielfalt und Hochwasserschutz sind. Unter anderem kann man sich mit der Fischwelt in der Havel vertraut machen oder sich mit speziellen Brillen in die Weidetiere hineinversetzen, die in den Auen grasen. Die Kinder bereiten sich so lange auf dem großen Wasserspielplatz mit Staustufen auf einen Beruf an der Schleuse oder im Naturschutz vor. Auch der Innenbereich mit seinen 300 Quadratmetern Ausstellungsfläche ist aufgebaut wie eine Flussaue. Als Besucher bewegt man sich aus der Kulturlandschaft immer näher ans

---

Hin & weg: Mit der Regionalbahn nach Stendal (aus Süden und Westen) oder Glöwen (aus Norden und Osten), weiter mit Bus 900 nach Havelberg. Großer Parkplatz vor dem Haus der Flüsse.

Beste Zeit: Das Haus der Flüsse (www.haus-der-fluesse.de) hat ganzjährig geöffnet, der Außenbereich macht aber an warmen Tagen am meisten Spaß.

Dauer: 1–2 Std.

Ausrüstung: Neugierde und Experimentierfreudigkeit.

(virtuelle) Wasser. Man bringt Zugvögel zum Fliegen, lauscht den Tieren der Nacht und dirigiert ein Sumpfkonzert. Außerdem erfährt man, welchen Einfluss unterschiedliche Pegelstände auf Tier und Pflanzenwelt haben und welche Landschaft Hochwasser am besten absorbiert.

In den kommenden Jahren setzt das Haus der Flüsse ein preisgekröntes Projekt um, indem Naturschützer »FlederSchmaus-Wiesen« mit Kräutern und Wildblumen für nachtschwärmende Insekten anlegen – die Lieblingsbeute von Fledermäusen. Mit einem Fledermausdetektor, der die Klänge der Tiere hörbar macht, soll man ihr Schmatzen, Knacken und Pfeifen in der Dämmerung erleben können.

FAZIT: RÄTSELN, LAUSCHEN, EXPERIMENTIEREN – SO MACHT NATURKUNDE SPAß.

ZU DEN VILLEN DER PROMIS

... am Potsdamer Griebnitzsee

#12

Was haben Heinz Rühmann, Josef Stalin, Erich Kästner und Konrad Adenauer gemeinsam? Sie alle residierten zeitweise in der Villenkolonie von Neubabelsberg. Eine kleine Radrunde durch das Beverly Hills vom Griebnitzsee zu den Häusern von Filmstars, Politikern und Wirtschaftsbossen.

#Zeitreise #Prominenz #Filmstudios #reich&schön

→ ABSTECHER

In der Villa Erlenkamp wurde der Einsatz von Atombomben geplant – ein Mahnmal erinnert daran.

Überquert man vor dem Bahnhof Griebnitzsee die Rudolf-Breitscheid-Straße, blickt man über einen drei Kilometer langen See mit Wald auf der Berliner Seite und Villen am Potsdamer Ufer – das sogenannte Beverly Hills vom Griebnitzsee. Unterbrochen von DDR-Zeiten, lebten hier immer die Reichen, Schönen und Prominenten: Sportler wie Max Schmeling, Filmstars wie Lilian Harvey, Industriebosse wie Günther Quandt.

Es geht nach links, dann rechts in die Karl-Marx-Straße. Prächtige Anwesen mit weitläufigen Gärten reihen sich aneinander. Fast alle sind saniert, ein Prozess von drei Jahrzehnten, denn die Kolonie fiel nach Kriegsende in einen Dornröschenschlaf, als sich dort das Grenzgebiet befand. Doch zuvor wohnten vor Ort im Sommer 1945 noch für einige Wochen die Verhandlungsführer der Potsdamer Konferenz. Der Neorenaissancebau in der Karl-Marx-Straße 2 wurde damals für US-Präsident Harry S. Truman beschlagnahmt, die Amerikaner nannten ihn Little White House. Weil die Villa heute einer Stiftung gehört, ist der Park öffentlich zugänglich – eine Ausnahme inmitten der Privatgrundstücke. Auf dem angrenzenden Hiroshima-Nagasaki-Platz erinnert ein Denkmal an die Atombombenabwürfe, die Truman in Potsdam anordnete.

Dann geht es in die Virchowstraße bis zu Haus Seefried (Nummer 23). 1915 vom jungen Mies van der Rohe erbaut, logierten darin Winston Churchill und sein Nachfolger Clement Attlee. Zurück in der Karl-Marx-Straße, erreicht man Stalins damalige Unterkunft in der Villa Herpich (Nummer 27).

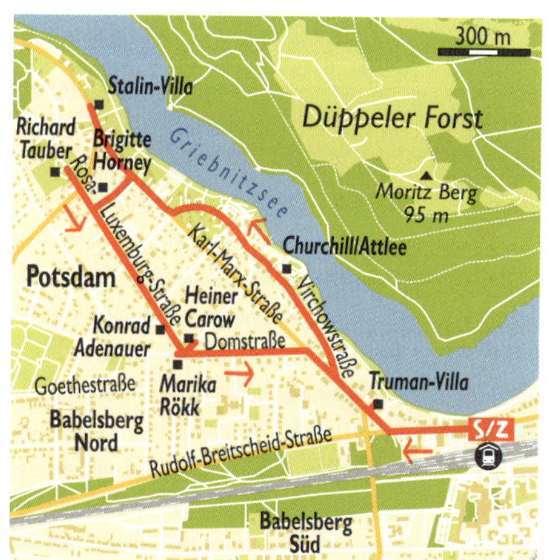

Dank der Nähe zu den 1912 gegründeten Filmstudios ließen sich auch viele Schauspieler,

---

Hin & weg: Mit der S-Bahn von Berlin oder Potsdam Hauptbahnhof zum Bahnhof Griebnitzsee (Fahrradverleih). Alternativ mit dem Fahrrad aus Potsdam über den Park Babelsberg oder die Glienicker Brücke oder ab Bahnhof Wannsee.

Beste Zeit: Ganzjährig.

Dauer & Strecke: 1 Std., rund 4 km.

Ausrüstung: Smartphone zur Recherche von Namen und Hintergründen, z. B. bei Wikipedia.

Mies van der Rohe plante in jungen Jahre Haus Seefried, in dem Churchill residierte – es erinnert jedoch eher an Schloss Sanssouci als an klassische Bauhausarchitektur.

Drehbuchautoren und Regisseure am Griebnitzsee nieder. Zum Beispiel die Aktrice Brigitte Horney, die Zivilcourage bewies, als sie in ihrem Anwesen im englischen Landhausstil am Johann-Strauß-Platz 11 ihrem Freund Erich Kästner Asyl gewährte. Dieser schrieb hier unter Pseudonym das Drehbuch zu »Münchhausen« – mit heimlicher Erlaubnis Goebbels, denn er war eigentlich mit Berufsverbot belegt.

Gleich um die Ecke in der Rosa Luxemburg-Straße 24 lebte Richard Tauber, Startenor und Schauspieler in den 1930er-Jahren. Der Publikumsliebling emigrierte 1938 wie viele andere jüdische Künstler. Weiter geht es zur Hausnummer 40, wo Konrad Adenauer elf Monate lang die Wirren nach der Machtergreifung aussaß. Gleich nebenan in der Domstraße 28 residierte Marika Rökk, die sich damals mit den Nationalsozialisten verbandelte. Dann geht es wieder in die Neuzeit: In der Robert-Koch-Straße 8 wohnte bis zu seinem Tod 1997 Heiner Carow, dessen »Legende von Paul und Paula« zu den besten Streifen aus DEFA-Zeiten zählt.

Tipp: Die Potsdamer Touristinfo veranstaltet geführte Touren auf den Spuren der Stars (Mai bis Oktober, www.potsdamtourismus.de); ein kundiger privater Guide ist Robert Freimark (www.potsdam-erlebnistour.de).

FAZIT: EIN JAHRHUNDERT MIT SEINEN GESCHICHTEN UND LEGENDEN, KOMPRIMIERT IN EINER SPANNENDEN RADTOUR.

OHNE MOPS NIX LOS

… auf den Spuren von Loriot

#13

Brandenburg an der Havel ist die Stadt mit der weltweit wohl höchsten Dichte an Loriot-Denkmälern: Über 25 Waldmops-Figuren verstecken sich in der Geburtsstadt des Humoristen Vicco von Bülow. Die Suche nach ihnen wird zur Stadtsafari – und endet an einer weiteren ausgefallenen Hommage.

#Loriot #Cartoon #Tierpirsch #Nasenmann #Schnitzeljagd

Die Brandenburger lieben ihre Waldmöpse – und sorgen dafür, dass sie nicht verdursten.

Was ist regelmäßig Stadtgespräch in Brandenburg an der Havel? Ein neuer Waldmops! Seit 2015 tauchen immer wieder solche Figuren im Stadtbild auf. Niemand kündigt sie an – es soll schließlich eine Überraschung sein! Mehr als 25 der rund 50 Zentimeter großen Bronzestatuen sind schon aufgestellt, eine Ehrung für einen der berühmtesten Söhne der Stadt: 1923 wurde hier Vicco von Bülow geboren, der unter dem Pseudonym Loriot mit seinen Sketchen und Cartoons Berühmtheit erlangte.

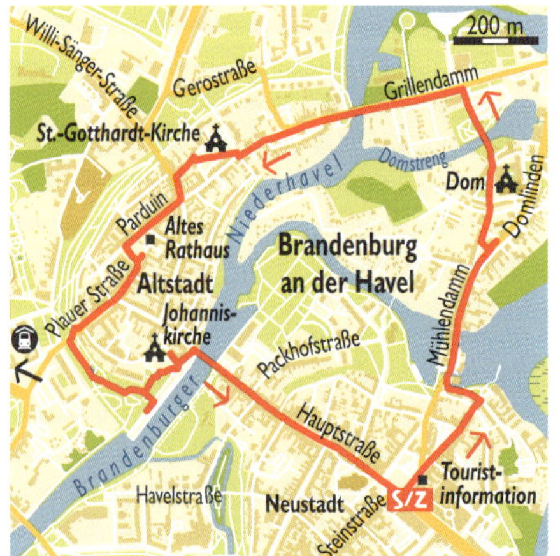

»Ein Leben ohne Mops ist möglich, aber sinnlos«, sagte der Humorist einst, der für eine seiner beliebtesten Parodien den Waldmops erfand, Vorlage für die brandenburgischen Bronzefiguren. Vor der Touristinfo am Neustädtischen Markt, dem Startpunkt dieser Tour, steht das erste Exemplar, erkennbar an Ringelschwanz und Achtender-Geweih. Vor Ort erhält man auch einen groben Revierplan der Tiere.

Die nächsten beiden Möpse entdeckt man beim alten Hafen am Mühlendamm, allerdings nicht zu nah am Fluss, denn sie gelten als Leibspeise der Havelzander. Vorbei an der Skulpturengruppe der Tritonen, wo gerade ein Mops am Brunnen trinkt, geht es weiter zum Dom, einem weiteren Fundort. Für eine Stärkung zwischendurch bietet sich nun das Restaurant Remise (domevents.de/restaurant-remise) im Burghof an.

Grillendamm und Mühlentorstraße führen weiter zur St.-Gotthardt-Kirche, nicht nur das älteste Gotteshaus der Stadt, sondern auch Loriots Taufkirche, in der eine Ausstellung an ihn erinnert – samt Waldmops auf dem Kirchplatz. Übrigens soll es Glück und Wohlstand

Im Jahr 1923 wurde Loriot in der St.-Gotthardt-Kirche getauft. Heute dokumentiert dort eine Ausstellung die Vita des Ehrenbürgers.

bringen, den Figuren übers Horn zu streichen. Vor dem nahe gelegenen Alten Rathaus warten ein weiterer durstiger Mops und eine Holzfigur des Nasenmannes aus Loriots Cartoons.

Am Rathenower Torturm geht es nach links, wo sich zwischen Humboldthain, Hafen und Jahrtausendbrücke das beliebteste Waldmops-Revier mit fast zehn Exemplaren erstreckt. Die Tour endet neben der Johanniskirche an einem weiteren Denkmal für den 2011 verstorbenen Loriot. Doch es ist leer: Eingeprägt in den Sockel sind »nur« die Fußspuren des Stars, als Würdigung seiner zurückhaltenden Art.

In der Touristinfo kann man im Sommer und Herbst auch eine Mopsführung buchen, bei der zu vielen Figuren eine kleine Geschichte erzählt wird. So ist im Laufe der Zeit ein ganzes Mopsuniversum entstanden (www.waldmops-brandenburg.de).

FAZIT: EINE WITZIGE SCHNITZELJAGD NICHT NUR FÜR LORIOT-FANS.

Hin & weg: Mit dem RE 1 aus Richtung Magdeburg oder Berlin. Der 15 Min. lange Fußweg zum Startpunkt führt vorbei an einer Mopsfigur vor dem Archäologischen Landesmuseum.

Beste Zeit: Ganzjährig.

Dauer & Strecke: Je nach Pirscherfolg 1-3 Std., knapp 4 km.

Ausrüstung: Im Sommer Sonnenschutz. Am besten vorher mit dem Waldmops-Sketch einstimmen.

DURCH DIE VERBOTENE STADT

... ans Ufer des Jungfernsees 

#14

»Betreten verboten« hieß es bis 1994 im russischen Militärstädtchen Nummer 7 mitten in Potsdam. Heute führen zwei Geschichtspfade für Radler und Spaziergänger zu den letzten Spuren des geheimen Bezirks und ins einstige Sperrgebiet am Jungfernsee – man kann sie problemlos miteinander verbinden.

#Mauergeschichten #DDR #StadtderSpione #Grenzturm

Villen mit Fachwerk und Säulen, Friesen, Balkonen und Erkern reihen sich in der Nauener Vorstadt zwischen Pfingstberg und Neuem Garten aneinander. Kaum zu glauben, dass dieses Stadtviertel fast 50 Jahre lang ummauert und streng bewacht war. Hier befand sich die Deutschlandzentrale der sowjetischen Militärspionageabwehr, mit Wachtürmen, Kaserne und Gefängnis.

Die Spurensuche beginnt am südlichen Ende der Großen Weinmeisterstraße. Am besten, man lädt vorher den Lageplan bei der Gedenkstätte Leistikowstraße (www.leistikowstrasse-sbg.de) herunter, denn die Relikte springen nicht sofort ins Auge – zum Beispiel nach 80 Metern auf der rechten Seite die Reste der einstigen Begrenzungsmauer, kurz darauf das letzte erhaltene Hausnummernschild. Der Garten einer einstigen Wache ist heute ein blühendes Idyll. Tafeln mit Fotos erwecken diese Epoche in 14 Stationen zum Leben.

Ein düsterer Bau mit zugemauerten Fenstern fällt besonders ins Auge: In der Gedenkstätte Leistikowstraße befand sich das Unter-

suchungsgefängnis der sowjetischen Militärspionageabwehr; die Zellen sind heute noch zu sehen. Ein Militärtribunal fällte die Todesurteile um die Ecke im Kaiserin-Augusta-Stift. Gegenüber liegt das Mirbach-Wäldchen, in dem einige Bäume noch kyrillische Einritzungen tragen.

Rund 700 Meter weiter markiert die Alte Meierei den Eingang zum Neuen Garten. Wo man

---

Hin & weg: Mit S-Bahn oder RE nach Potsdam, dann weiter mit dem Fahrrad. Für einen Spaziergang Bus 603 ab Platz der Einheit bis Kleine Weinmeisterstraße. Auf dem Rückweg kann man über die Glienicker Brücke und durch den Park Babelsberg radeln.

Beste Zeit: Frühling–Herbst.

Dauer & Strecke: 1–3 Std., gut 5 km.

Ausrüstung: Fahrrad (Verleih am Hauptbahnhof unter www.potsdam-per-pedales.de), Flyer der Geschichtswege.

Die Grenzanlagen der DDR verliefen am Ufer des Jungfernsees, vorbei an Schloss Cecilienhof und einem alten Mauersegment bis zur Glienicker Brücke.

heute mit tollem Blick über den Jungfernsee einkehrt, versteckten sich einst »Republikflüchtlinge« in einer Ruine. Acht gelungene Fluchten sind dokumentiert. Dann geht es für einen Abstecher nach links durch die Bertinistraße, die zu Mauerzeiten zum Grenzgebiet gehörte. Auch zu diesen Erinnerungsorten gibt es einen Flyer (www.grenze-potsdam.de).

Markant thront an der Bertini-Enge, der schmalsten Stelle im östlichen Jungfernsee, ein Postenturm. Bis 1989 kontrollierten Soldaten dort am Grenzübergang Nedlitz den Binnenschiffsverkehr. Man sieht noch den Kanal für das Stahlnetz, das unter Wasser quer durch den See gespannt war und auf Knopfdruck die Durchfahrt blockieren konnte, falls ein Schiff versuchte durchzubrechen.

Anschließend kehrt man zurück zum Neuen Garten, dessen Uferbereich damals eine Einöde war, jegliches Grün durch Pestizide im Keim vergiftet. Vorbei an Schloss Cecilienhof, in dem 1945 die Potsdamer Konferenz stattfand, erreicht man das Quapphorn. Erst seit wenigen Jahren steht dort wieder ein Nachbau der historischen Einsiedelei von 1796, die zeitweise durch einen Beobachtungsturm ersetzt war. An der Glienicker Brücke, dem Wahrzeichen der deutsch-deutschen Teilung, endet die Tour.

FAZIT: EINE SPANNENDE ZEITREISE DURCH DDR-GESCHICHTE IN EINER SONST KAUM BESUCHTEN ECKE POTSDAMS.

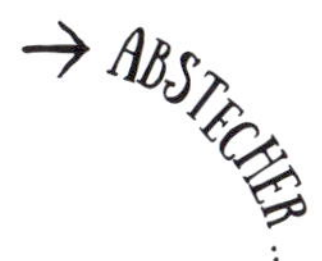

Zwischen Havel und Dom

#15

Der Blick über den verwunschenen Stadtgraben zum Dom von Havelberg gehört zu den beliebtesten Postkartenmotiven des Havellandes. Doch wer tiefer in die kleine Hansestadt eintaucht, entdeckt noch viel mehr grüne Ecken in Parks, Gärten und auf einer kleinen Insel – inklusive Badestopp.

#Hansestadt #wasserreich #Gartenträume #Spülinsel

Adlige Domherren flanierten einst durch den Garten der Domkurie, den ein Verein wieder zum Leben erweckte.

Los geht es am Marktplatz vor dem Rathaus auf Havelbergs Altstadtinsel, wo sich Fachwerkhäuser und klassizistische Fassaden

aneinanderreihen, dann über die Domstraße Richtung Stadtgraben. Von der Dombrücke hat man einen tollen Blick über die grüne Seite der Hansestadt zur Havel und den Gärten der Uferbewohner am Fuße des Doms.

Dann spaziert man über Treppen hinauf zum Domplatz mit Aussicht über die Altstadt. Die Straßennamen Bischofsberg und Domberg erinnern noch an die Zeit, als die Häuser hier zu kleinen »Berggemeinden« gehörten. Und tatsächlich gab es einst auch Weinreben an den Hängen. Vor dem Westwerk des Doms fühlt man sich erst einmal winzig angesichts der trutzigen Fassade. Das Bistum entstand schon im 10. Jahrhundert, um die Slawen östlich der Elbe zu christianisieren.

Durch eine Pforte gelangt man in den liebevoll angelegten Dekanatsgarten mit Heilkräutern und Bibelpflanzen. Wenn man das üppige Grün wieder zum Probsteiplatz verlässt, ist der nächste Garten nicht weit und verbunden mit einer idyllischen Einkehrmöglichkeit: Ein Verein hat den Garten der ehemaligen Domkurie in ein Ensemble im italienischen Stil verwandelt. Im angeschlossenen Café D8 werden selbstgebackener Kuchen und regionale Produkte (www.domherrn8.de) angeboten.

Danach geht es über den Platz des Friedens zum Prälatenweg mit mehreren Aussichtsterrassen unter alten Linden und Eichen, schließlich über einen Treppenweg ans Havelufer, vorbei an der St. Annen- und Gertraudenka-

Historische Bauten wie die St. Annen- und Gertraudenkapelle liegen am Fuß des Domberges, der schließlich nahtlos in die Auenlandschaft übergeht.

pelle. Eine Uferpromenade führt durch den Hafen und schließlich über eine Brücke auf die Spülinsel.

Zur Stadt hin erstreckt sich ein Campingplatz, aber auf der anderen Inselseite verläuft ein Pfad durch dichten Wald. Sogar ein Sprung in die Havel ist möglich: Die Badestelle befindet sich rechts des Pfades im Wald. Über eine Fußgängerbrücke gelangt man wieder zurück in die Altstadt.

Am späten Nachmittag ist die Bilderbuchansicht über den zugewachsenen Stadtgraben zum Dom übrigens besonders fotogen. Dann lohnt ein Spaziergang durch die Kopfsteinpflasterstraße Stadtgraben mit Blick in die gegenüberliegenden Gärten.

FAZIT: EINE DER SCHÖNSTEN STÄDTE IM HAVELLAND VON IHRER GRÜNEN SEITE.

Hin & weg: Mit der Regionalbahn nach Stendal (aus Süden und Westen) oder Glöwen (aus Norden und Osten), weiter mit Bus 900 nach Havelberg.

Beste Zeit: Frühling–Herbst.

Dauer & Strecke: 1,5–3 Std., rund 4 km.

Ausrustung: Bequeme Schuhe, Fotoapparat.

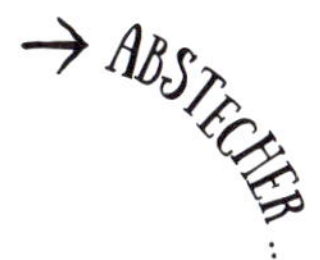

ÜBER SINGLE TRAILS

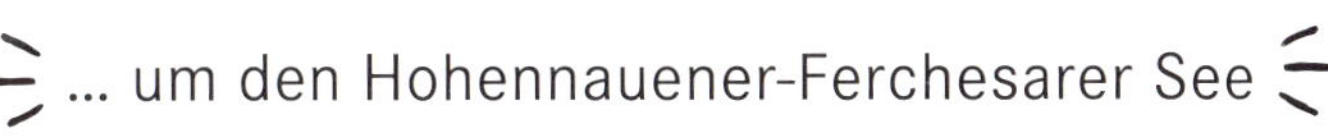

#16

Ein Dorf ... eine Badestelle ... ein Dorf ... eine Badestelle ... in diesem Rhythmus geht es mit dem Mountainbike um den See im Westhavelland. Auf Waldwegen, schmalen Pfaden und über den Deich radelt man durch Dörfer mit exotischen Namen wie Wassersuppe.

#Sandstrand #Dorfidylle #Retrocharme #Seenrunde

Eine trutzige Kirche mit Wehrturm ist das Wahrzeichen von Hohennauen an der Westspitze des zehn Kilometer langen zweigeteilten Hohennauener-Ferchesarer Sees. Von Rathenow aus erreicht man den Ort in einer halben Stunde mit dem Rad. Dann geht es rechts über Mühlenweg und Am Hohennauener See bis zum Ufer. Falls die Badestelle mit Sandstrand zu voll ist, gleich weiterradeln – es folgen noch viele weitere. Leicht erhöht auf einem Deich mit weitem Blick fährt man am See entlang bis nach Wassersuppe, einem idyllischen Dorf mit Fachwerkkirchlein, kleinem Hafen und Badestelle. Auf jeden Fall eine Pause in Heidi's Getränkestübchen mit seinem Retrocharme und einer Handvoll Tische unter Linden einlegen! Übrigens, der merkwürdige Ortsname entstand einst aus »Watersopp«.

Gut 500 Meter hinter dem Dorf rechts abbiegen zur Brücke über den Alten Rhin, der als Großer Havelländischer Hauptkanal eine Verbindung mit dem Witzker See bildet. Auf der Brücke kann man mit etwas Geduld Vögel beobachten, mindestens ein Graureiher hat hier sein Revier. Danach radelt man durch dichten

---

Hin & weg: Mit RE 4 (Jüterbog-Berlin-Rathenow) nach Rathenow. Hohennauen ist 9 km über einen straßenbegleitenden Radweg entfernt.

Beste Zeit: Für Badefreunde an heißen Sommertagen, für Bikefans zu jeder Jahreszeit.

Dauer & Strecke: Je nach Kondition 2-4 Std., gut 21 km.

Ausrüstung: Mountainbike oder ein robustes Tourenrad, Badesachen, Mückenschutz.

Die Strecke verläuft über Waldpfade und Deiche, zum Beispiel zur Dorfkirche in Wassersuppe und zur Badestelle Semlin.

Kiefernwald, zunächst auf einem breiten Weg, dann auf einem Single Trail, der sich erhöht am Seeufer entlangschlängelt.

Am Campingplatz Buntspecht heißt es kurz schieben: den Steilhang hinab zum Seeufer mit Liegewiese und Badestelle. Auch im 1,5 Kilometer entfernten Ferchesar kann man noch mal ins Wasser springen. Für den Lieblingsstrand vieler Einheimischer muss man jedoch ein Stück weiter über einen wildromantischen Uferpfad zur Dranseschlucht, ein sandiger Steilhang mit einem Strand unter Weiden und nahe gelegenem Eiscafé.

Aber auch der nächste Ort Semlin, den man nach einer Fahrt durch Feuchtwiesen und Schilfgürtel erreicht, muss sich mit seiner Badestelle nicht verstecken. Gigantische Wiesen und ein langer Strand gewähren viel Freiraum. In einem der beiden Restaurants mit Seeblick lässt man die Tour schließlich ausklingen, denn die letzten drei Kilometer über die Hohennauener Straße sind schnell bewältigt.

FAZIT: MEHR BADESTELLEN AN EINEM SEE SIND KAUM DENKBAR – SIE REICHEN VOM SANDSTRAND BIS ZUR WALDBUCHT.

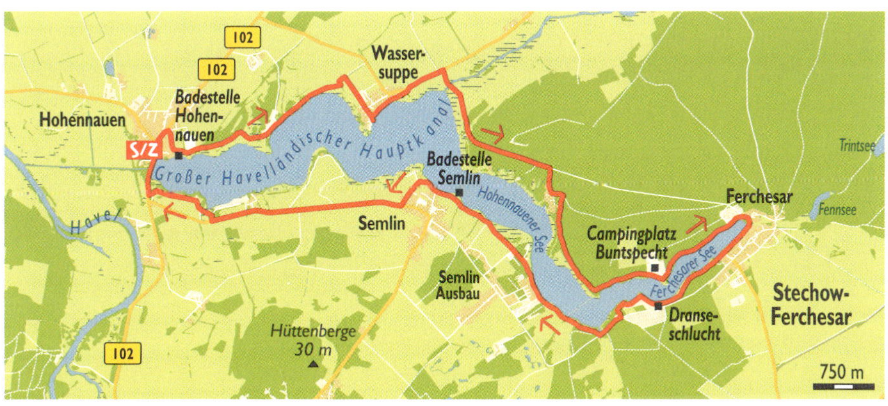

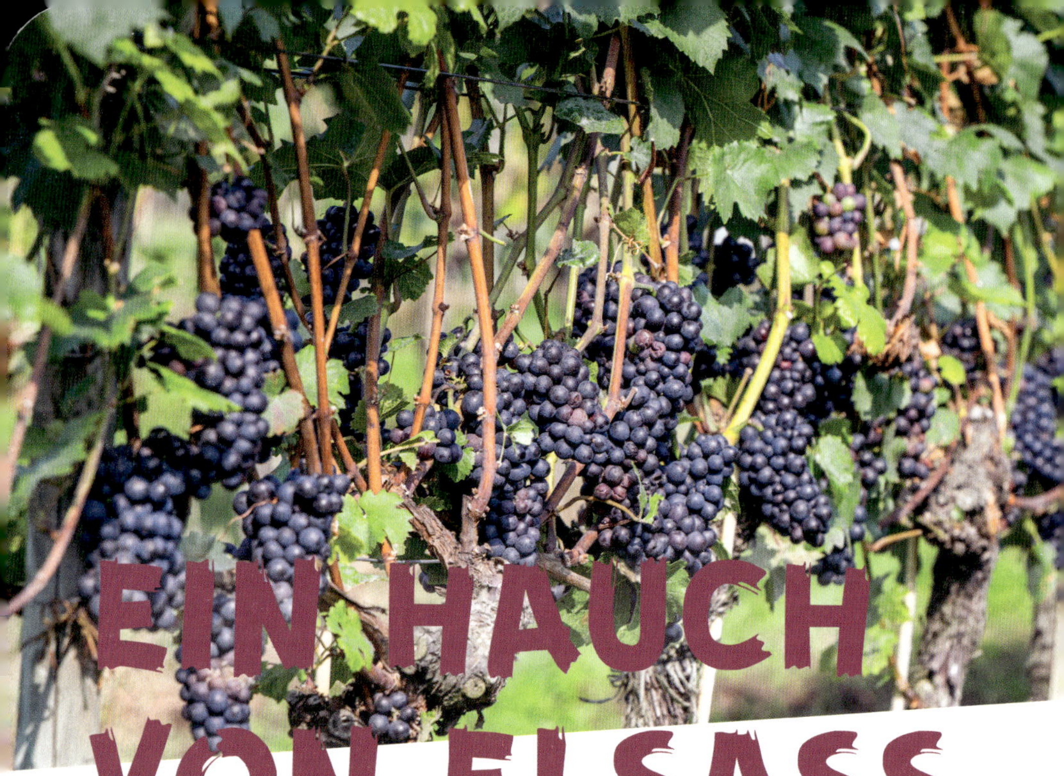

EIN HAUCH VON ELSASS

... auf dem Werderaner Wachtelberg

#17

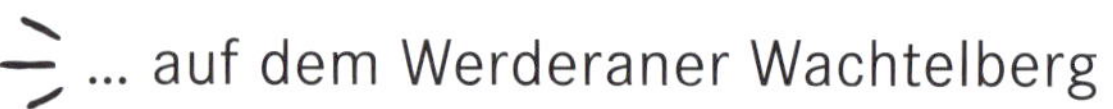

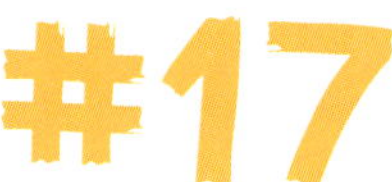

Frischer Federweißer und hausgemachter Zwiebelkuchen – das gibt es doch nur in Frankreich! Oder in Werder auf einem von drei Weinbergen der Region. Erst flaniert man über den Weinlehrpfad mit Havelblick, dann geht es zum Verkosten in die Straußwirtschaft Weintiene.

#Besenwirtschaft #Weinprobe #Havelblick #Galgenberg

Im Herbst hängen fette Trauben an den Rebstöcken auf dem Wachtelberg.

»Ganz frisch gebacken«, sagt der Mitarbeiter am Ausschank der Weintiene und deutet auf einen Zwiebelkuchen, den er gerade dampfend aus dem Ofen gezogen hat. Es gibt Oliven und Schafskäse, Laugenstangen und frischen Streuselkuchen. Und natürlich Wein. Rund zwei Dutzend Sorten kann man verkosten, insbesondere Weißweine von Müller-Thurgau über Sauvignon Blanc bis zur Galgenberg Cuvée, aber auch Rote, Rosés und Schaumweine.

Die Weintiene auf dem Wachtelberg in Werder ist eine klassische Straußwirtschaft – nur Winzer dürfen diese saisonale Gastronomie mit selbst hergestellten Weinen betreiben.

Tiene hießen in Brandenburg ursprünglich die Holzbottiche, in denen man die Trauben zerstampfte. »Weinbau in Brandenburg?«, fragt sich mancher zunächst. Dabei brachten Zisterziensermönche schon vor über 800 Jahren die ersten Reben in die Region. Mitte des 18. Jahrhunderts soll es in Werder 30 Weinmeister gegeben haben, rund ein Fünftel der gesamten Einwohnerschaft.

Hin & weg: Mit dem RE 1 nach Werder, weiter mit Bus 630 bis Wachtelwinkel oder Bus 631 bis Kölner Straße. Parkplätze direkt am Weinberg (Wachtelwinkel 30).

Beste Zeit: Während der Weinlese von Ende August–Anfang Oktober gibt es frischen Federweißen. Die Weintiene ist von Ostern bis Mitte Oktober geöffnet (www.weinbau-lindicke.de).

Dauer: Lehrpfad und Einkehr 2–3 Std.

Ausrüstung: Probierlaune und Appetit auf hausgemachte Snacks und Kuchen.

Der Blick vom Aussichtsturm auf die Reben und die Flusslandschaft ist atemberaubend. Danach gibt es Kirschkuchen und frischen Federweißen.

Erst später verlegte man sich auf den Obstanbau, der heute charakteristisch für das Havelland ist. Der Wachtelberg wurde bereits zu DDR-Zeiten wieder mit Reben bepflanzt; seit 1996 betreibt die Familie Lindicke das Weingut, später kam der nahe gelegene Galgenberg hinzu.

Heute kann man auf einem kleinen Lehrpfad mit mehr als 150 Rebsorten spazieren. Der Höhepunkt ist – im wahrsten Sinne des Wortes – ein Aussichtsturm auf der Hügelspitze, mit Blick nicht nur über das Rebenmeer, sondern bis weit über die Havel und die hiesigen Dörfer. Im Anschluss geht es entweder auf die Dachterrasse oder unter das Rebendach der Weintiene. An kühlen Tagen sitzt man drinnen an rustikalen Holztischen.

Tipp: Die Reben auf dem nahe gelegenen Galgenberg sind für Besucher nicht zugänglich, man kann aber hinter der Touristinfo von Werder (Plantagenplatz 9) von außen einen Blick darauf werfen. Hier befinden sich auch sogenannte Schuffelgärten, Etagenobstgärten nach historischem Vorbild. Übrigens sollen dort die ersten Galgenlieder des Dichters Christian Morgenstern entstanden sein. Ihm ist auf der nahegelegenen Bismarckhöhe ein kleines Museum gewidmet (www.bismarckhoehe-in-werder.de)

FAZIT: TOLLE BLICKE, LECKERE WEINE, KUCHEN VOM ÖRTLICHEN BÄCKER – EINKEHREN WIE GOTT IN FRANKREICH.

WAS

Foto-Tour im Preußen-Wald

#18

Überwucherte Gräben, brüchige Ziegelwände, geheimnisvolle Bauten: Nur einen Katzensprung von Park Sanssouci entfernt versteckt sich im Katharinenholz ein Lost Place aus Preußenzeiten. Unbedingt die Kamera mitnehmen, denn hier warten tolle Motive für Urbexer!

#schießendePreußen #Berg&Tal #düstereTeiche #lost

Nur wenige Meter trennen die Feuchtwiesen an den Düsteren Teichen von den Ruinen der Preußenarmee, in denen man frei herumstromern kann.

Die Statuen im Lenné-Park sind in Holzkisten verpackt, ein Teppich aus überfrorenen Blättern bedeckt den Boden unter dem Dach des Laubengangs, und manchmal schlagen sogar die japanischen Kirschbäume nochmal zur Blüte aus: Winterstimmung in Schloss Lindstedt mit seinem markanten Rundturm, das im Schatten des Weltkulturerbes im Dornröschenschlaf liegt. Gleich daneben beginnt Natur – 200 Meter hinter dem Schlosspark geht es nach links quer über eine große Wiese, dann in den Wald. Hier erstrecken sich in einer Schmelzwasserrinne aus der letzten Eiszeit die Düsteren Teiche. Von dem einstigen Moor sind zwei Seen mit Feuchtwiesen und einem Erlenbruchwald geblieben, die schon seit DDR-Zeiten als Flächennaturdenkmal unter Schutz stehen.

In den vergangenen Sommern fielen die Teiche regelmäßig trocken, Anlass zur Sorge von

Architekt Ludwig Persius plante Mitte des 19. Jahrhunderts die Teufelsgrabenbrücke (links) über einen Wassergraben.

Naturschützern um den einst reichen Bestand an Kröten und Fröschen, die dort laichen. Die Stadt versucht, mit Maßnahmen zur Renaturierung entgegenzusteuern. Im Winter erlebt man die Seen dagegen meist gefüllt.

Nach dem kleineren Teich biegt man links ab und wandert über den waldbedeckten Herzberg, am Rand von Feldern entlang und über den 74 Meter hohen Windmühlenberg, leider ohne Aussichtspunkte. Man streift kurz den Stadtteil Bornim und steigt über die Lindstedter Chaussee wieder aufwärts ins Katharinenholz. Nach rund 600 Metern links halten, dann kommt bald ein hoher, halb verfallener Backsteinbau in Sicht.

Anfang des 19. Jahrhunderts entstanden hier die ersten Schießanlagen für preußische Soldaten. Nachdem es Verletzte gab, baute man immer aufwendigere Geschossfänge und Erdwälle. Bis in die 1950er-Jahre blieben die Schießstände in Nutzung, zuletzt durch die Rote Armee, danach wurden sie sich selbst überlassen.

Dicke bemooste Buchen wachsen heute auf den Wällen, bunte Graffiti bedecken die Ziegelwände, Efeu wuchert die Mauern herauf. Man kann ungestört zwischen den acht Bahnen und zahlreichen Ruinen herumstromern und dabei schöne Fotomotive aufspüren. In Richtung Amundsenstraße trifft man bestimmt auch Mountainbiker, die das zerklüftete Gelände zum Üben nutzen. Ein kleiner Umweg führt noch über die historische Teufelsgrabenbrücke, dann ist Schloss Lindstedt wieder erreicht.

FAZIT: EIN BUNTER LOST PLACE UND KRASSER KONTRAST ZU SCHLOSS LINDSTEDT AM TOURBEGINN.

Hin & weg: Mit dem RE nach Potsdam Hauptbahnhof oder Park Sanssouci, weiter mit Bus 605 oder 606 Richtung Science Park West bis Haltestelle Abzweig nach Eiche. Parkplätze an der Ecke Amundsenstr./Lindstedter Chaussee.

Beste Zeit: Ganzjährig. Im Winter sind die Teiche nicht trocken und der düstere Charakter des Lost Place ist besonders faszinierend.

Dauer & Strecke: 2 Std., rund 7 km.

Ausrüstung: Fotoapparat, Wander-App.

TURM

→ ABSTECHER …

MORBIDER CHARME

… auf dem Ruinenberg

#19

600 Meter! Größer ist die Distanz zwischen Schloss Sanssouci und dem Ruinenberg nicht – und doch schlummert das Ensemble rund um den Normannischen Turm meistens im Dornröschenschlaf. Bei einem Winterspaziergang ist die Atmosphäre besonders mystisch.

#Sanssouci #FriedrichderGroße #Wasserspiele #Aussichtsberg

Wo im Sommer alles komplett zugewachsen ist, bieten sich im Winter Blicke durch den Wald auf die Ruinen.

Auf den ersten Blick könnte man meinen, die Bauten auf dem Ruinenberg nördlich des Parks Sanssouci seien im Sanierungswettlauf nach der Wende vergessen worden – dabei wurde das Ensemble aus einem Monopteros mit 16 Säulen, Theaterwand, scheinbar baufälliger Säulengruppe und Wasserbecken wie in einem historischen Gemälde mit dem Charme des Verfalls konzipiert.

Der Spaziergang beginnt unter den Arkaden vor Schloss Sanssouci; die Sichtachse erlaubt den perfekten Postkartenblick. Über die Bornstedter Straße geht es zum Fuß des Hügels und dann gleich nach links auf den Panoramaweg, der den Ruinenberg umrundet. Kurz verschnaufen? Von der Römischen Bank mit beeindruckenden steinernen Greifenfüßen reicht der Blick bis zum benachbarten Krongut Bornstedt. Dann folgt ein langer Bogen um den Ruinenberg. Im Winter schimmern die Mauern immer wieder durch die kahlen Bäume. Auf dem Gipfel staunt man erst einmal, denn der Normannische Turm spiegelt sich in einem riesigen Wasserbecken. Friedrich der Große plante, von hier aus über ein ausgeklügeltes System aus mehreren Mühlen seine Wasserspiele anzutreiben, ein Vorhaben, das misslang. Der Turm darf an ausgewählten Terminen bestiegen werden, mit einer besonders eindrücklichen Perspektive auf Schloss Sanssouci (Daten unter www.spsg.de).

Ein weiterer Zweck der Anlage erschloss sich erst kürzlich wieder aus den Archiven: Friedrich II. verfolgte nämlich von einer Plattform in der Theaterwand aus die Manöver der preußischen Soldaten auf dem Bornstedter Feld. Ganz anders als zu DDR-Zeiten. Damals schlug man die Treppe aus dem Normannischen Turm heraus, damit niemand die sowjetischen Soldaten beobachten konnte. Heute sind die damals zerstörten Stufen durch Holz ersetzt – eine sensible, aber eindrucksvolle Inszenierung der Wunden.

Übrigens bietet sich in einer Sitzecke neben dem ehemaligen Wärterhaus eine kleine Pause an. Im Schutz der Mauern gedeiht ein Feigenbaum. Zurück geht es den Hang herab, entlang des einst von Lenné angelegten Bachs mit Wasserfall. Wenn alle paar Jahre einmal genügend Schnee fällt, rodeln die Potsdamer hier traditionell – zum Missfallen der Schlösserstiftung. Doch noch siegt regelmäßig das Gewohnheitsrecht …

Der Anblick bringt zwar zum Schmunzeln, doch das Bemalen der Krallen von Greifenfüßen fällt für die Schlösserstiftung unter Vandalismus.

FAZIT: KAHLE BÄUME, BRÜCHIGE MAUERN, WEITE BLICKE – EIN GEHEIMTIPP IN DER »ZWEITEN REIHE« DES WELTKULTURERBES.

Hin & weg: Von Potsdam Hauptbahnhof mit Bus 695 oder X15 bis Schloss Sanssouci.

Beste Zeit: Ganzjährig ein Erlebnis, besonders mystisch im Winter. Morgens strahlt das Licht wunderschön in Richtung Sanssouci.

Dauer & Strecke: Rund 1 Std., 2,6 km.

Ausrüstung: Fotoapparat für den Sanssouci-Blick.

IM WALD DER KÖNIGE

#20

Romantikfans pilgern zu ihr, Paddler legen dort an, Spaziergänger flanieren durch den Park, Regisseure lieben die Location: Die Sacrower Heilandskirche ist ein Lieblingsort! Ein Stück Italien im Königswald Friedrich Wilhelms IV. Im Winter ist man hier oft (fast) alleine.

#Campanile #Sichtachsen #Mauerweg #Pfaueninsel #BabylonBerlin

Naturdenkmale wie die 500-jährige Stieleiche, deren herabgefallene Äste den Boden bedecken, verleihen dem Sacrower Park seinen besonderen Charme.

Den stärksten Eindruck hinterlässt die Sacrower Heilandskirche, wenn man sich von der Wasserseite nähert: Wie ein Schiff mit hohem Mast ragt der Bau mit seinem Campanile aus Ziegelsteinen und blauen Fliesen aus dem Schilf am Rande des Jungfernsees. Die Potsdamer verdanken eines ihrer schönsten Wahr-

---

Hin & weg: Ab Potsdam Hauptbahnhof mit Tram 92 bis Potsdam Rathaus, weiter mit Bus 697 bis Sacrow Schloss. Es gibt einen großen Parkplatz in der Krampnitzer Str., außerdem eine Haltestelle des Wassertaxis.

Beste Zeit: Ganzjährig. Bei einem Winterspaziergang hat man den Königswald oft für sich alleine, im Sommer kann man baden.

Dauer & Strecke: 2–3 Std., gut 8 km.

Ausrüstung: Wegzehrung und Getränk, Fotoapparat, feste Schuhe, im Sommer auch Badesachen.

Romantik pur: Der Arkadengang der Sacrower Heilandskirche mit Blick über den Jungfernsee.

zeichen der Italienliebe Friedrich Wilhelms IV., der das Gut 1840 kaufte und persönlich Skizzen für Kirche und Schloss anfertigte.

Die Wanderung durch Sacrow und den Königswald der Hohenzollern startet am Parkplatz beim Ortseingang, gleich neben dem kleinen historischen Friedhof. Zwischen knorrigen Kiefern und Eichen öffnen sich immer wieder Sichtachsen: zu Schloss Babelsberg und Glienicker Brücke, Flatowturm, Marmorpalais und Schloss Cecilienhof. Dann ist die Kirche erreicht, mit dem fantastischen Arkadengang über dem Wasser. Hier entstand schon manche Filmszene, zuletzt für die Serie »Babylon Berlin«.

Keine Spur mehr von der tragischen Geschichte des Ortes: 1961 feierten die Sacrower dort noch Weihnachten, danach wurden Sperranlagen quer über das Gelände gebaut und Betonplatten an den Campanile genagelt. Eingeschlossen im Niemandsland, verfiel die Kirche, konnte jedoch 1981 provisorisch saniert werden. Stelen am nahegelegenen Schiffsanleger erinnern noch an die Maueropfer.

Mancher gigantische Baum säumt den Weg: Auf keinen Fall sollte man links des Schlosses den wohl ältesten Baum Potsdams versäumen, eine rund 500 Jahre alte Stieleiche, die von stählernen Klammern und Streben zusammengehalten wird. Weiter geht es durch den Ort, dessen wohlhabende Bewohner schon seit Ende des 19. Jahrhunderts ein buntes Sammelsurium von Häusern – von Fachwerk über Holzbauten bis Neue Sachlichkeit – errichteten. An den letzten Gebäuden rechts abbiegen in das Kleine Hämphorn und am Havelufer weiter. Zwischendurch hat man einen freien Blick zum Schloss Pfaueninsel. Nach einem guten Kilometer entlang des Ufers führt ein Hohlweg links aufwärts in die Luisenberge. Nachdem man die Straße überquert hat, läuft man halblinks weiter bis zum Sacrower See und wandert erhöht über dem Ufer zurück, vorbei an einer Landzunge mit Badestelle für eine sommerliche Wiederholung der Tour.

FAZIT: EINEN DER SCHÖNSTEN PARKS DES WELTKULTURERBES IM WINTERSCHLAF ERKUNDEN.

2. KAPITEL AUSFLÜGE

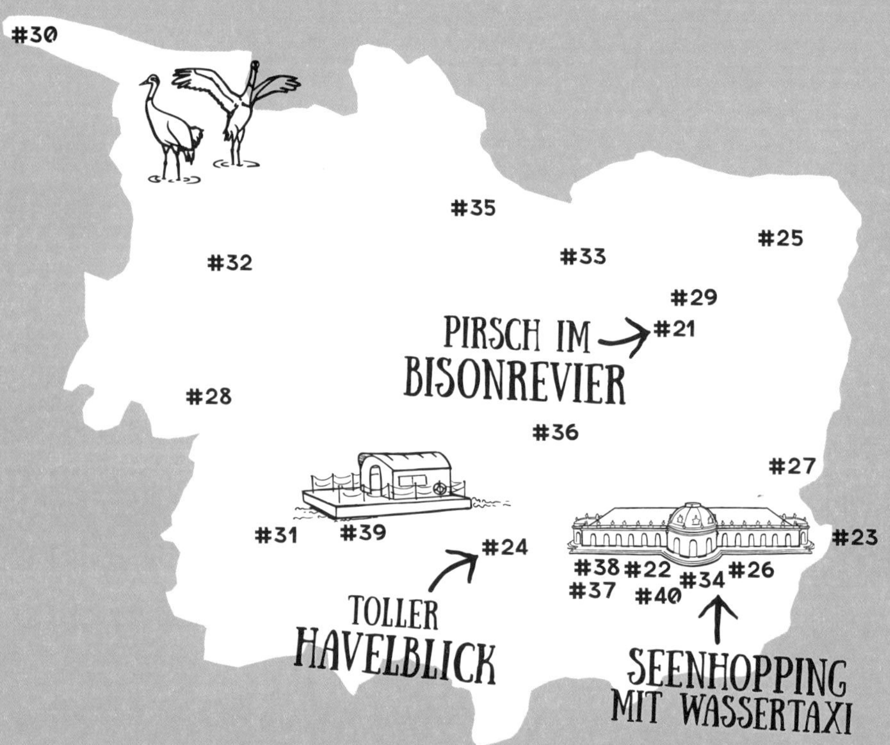

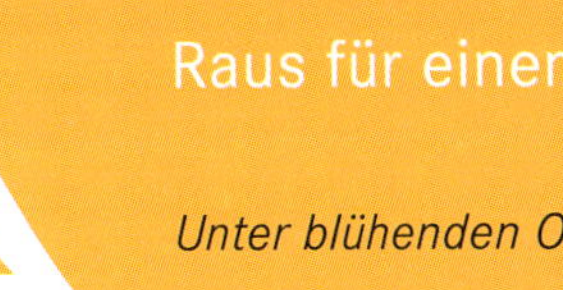

Raus für einen Tag

12H

Unter blühenden Obstbäumen radeln, mit verkuschelten Eseln auf Tour gehen und durch eine Sumpflandschaft paddeln – Aktivitäten für einen Outdoor-Tag.

SAFARI ZU DEN BIG THREE

... in der Döberitzer Heide

#21

Die Döberitzer Heide ist eine Arche Noah für bedrohte Tier- und Pflanzenarten. Durch die Kernzone des Schutzgebietes streifen wilde Wisente, Przewalski-Pferde und Rotwild – die Big Three des Havellandes. Bei einer Rundwanderung sind die Chancen groß, sie zu sichten.

#aufPirsch #Büffelrevier #Sperrgebiet #blühendeHeide

Weite Blicke in die Heidelandschaft – egal, ob vom umgestürzten Baum oder vom Aussichtsturm.

Mehr als 5500 verschiedene Tier- und Pflanzenarten, darunter viele bedrohte oder fast ausgestorbene, hat die Heinz-Sielmann-Stiftung in der Döberitzer Heide gezählt. Nach über 100 Jahren Nutzung als Truppenübungsplatz übernahm die Stiftung das 3650 Hektar große Gebiet: eine Wildnis im Werden mit Biotopen von Mooren über Trockenrasen bis zur Heide. Damit die Landschaft nicht zuwächst, helfen Wisente, Przewalski-Pferde und Rotwild.

Vom Parkplatz in Elstal führt ein kurzer asphaltierter Stichweg in das Schutzgebiet, vorbei an den einstigen Kasernen. Schon bald ist für den Rest des Tages kein Auto mehr zu hören,

Das Przewalski-Pferd war einst schon fast ausgerottet. Zwischen den Resten der Militäranlagen in der Heide leben heute zwei Dutzend der Tiere.

stattdessen Vogelgezwitscher, die Rufe von Kranichen, das Summen von Insekten. Rechts ab verläuft der 22 Kilometer lange Rundweg um die Kernzone entlang des Zaunes, innerhalb dessen das Großwild frei umherstreift. Im Frühjahr blühen Greiskraut, Weiden, Weißdorn und Ginster. Es geht durch einen Eichenwald bis zum Rastplatz Wüste mit Bänken und einem erhöht liegenden Picknickpavillon. Hier sind oft Przewalski-Pferde zu sehen und im Herbst Hirsche bei der Brunft zu erleben. Der Weg ist überwiegend sandig, sodass manche an warmen Tagen gern barfuß laufen.

Es geht vorbei an Resten alter Bunker, dazwischen erstrecken sich renaturierte Flächen für die Tierwelt, zum Beispiel Biotope für Uhrzeitkrebse – lebende Fossilien. Nach rund neun Kilometern ist der Aussichtsturm am höchsten Punkt der Heide erreicht, von dem aus man in die Kernzone und bei klarer Sicht bis zum Berliner Fernsehturm schauen kann. An der gesamten Strecke findet man zahlreiche Bänke und Picknicktische.

Die Runde schließt sich Richtung Norden. Der Weg führt durch ein Feuchtgebiet und eine Landschaft, die mit ihren im Heidekraut verstreuten Birken an die russische Taiga erinnert. Neben der Suche nach den Big Three sollte man auch mit geschärftem Blick auf Flora und Fauna im Kleinformat achten, etwa auf Ameisenlöwen, die Trichterfallen graben, oder die vielen Wildbienen. Immer wieder entdecken Forscher bereits verloren geglaubte Arten, zuletzt die Punktierte Porenscheibe, einen Pilz.

Mehr als 20 Kilometer zu wandern ist eine Herausforderung – mangels Gastronomie ist man am besten mit üppigem Picknick unterwegs.

Gegen Ende der XXL-Tour eröffnen weite offene Flächen noch einmal eine Gelegenheit zur Begegnung mit den Großtieren: Inzwischen sind es rund 100 Wisente, 25 Przewalski Pferde und 90 Rothirsche. Auch ein Wolfrudel soll kürzlich eingezogen sein.

Tipp: Wer sandige Abschnitte nicht scheut, kann die Route auch mit dem Mountainbike in Angriff nehmen. Auf weiten Strecken verläuft ein Single Trail neben dem Sandweg.

FAZIT: BEIM AUFSPÜREN SELTENER TIER- UND PFLANZENARTEN IN EINER EXOTISCHEN HEIDELANDSCHAFT IST ENTDECKERGEIST GEFRAGT.

Hin & weg: Mit RE 4 (Jüterbog–Berlin–Stendal/Rathenow) bis Elstal, weiter mit Bus 668 bis zur Haltestelle Zum Erlebnisdorf. Großer Parkplatz am Startpunkt des Rundweges.

Beste Zeit: (Fast) jede Jahreszeit hat ihre Reize: Im Winter ist der Blick in die Kernzone freier, sodass Tiere besser zu entdecken sind. Im Frühling blühen viele Pflanzen und die Tierwelt wird aktiv. Im Herbst (Ende September–Ende Oktober) ist das Wild besonders präsent. Ungefähr ab 16 Uhr kann man den Rothirschen bei der Brunft lauschen – man sieht sie vom Rastplatz Wüste. Die Besenheide blüht ab August. Im Sommer sollte man heiße, wolkenlose Tage aufgrund des fehlenden Schattens lieber meiden.

Dauer & Strecke: 6–7 Std., 23,6 km.

Ausrüstung: Proviant und viel Wasser, Sonnenschutz, Fernglas, knöchelhohe Schuhe, geladenes Mobiltelefon, Lageplan mit allen Rastplätzen (Download unter www.sielmann-stiftung.de).

UNTERM BLÜTEN-DACH

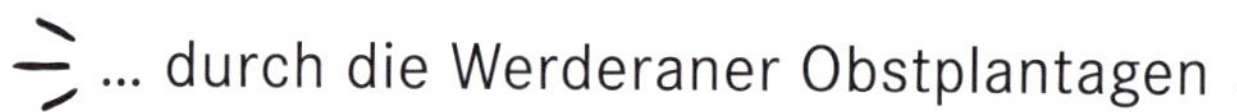

… durch die Werderaner Obstplantagen

#22

Jedes Jahr ab Ende April färben sich die Obstwiesen rund um Werder rosa und weiß, wenn Pfirsich-, Kirsch- und Pflaumenbäume blühen. Dies ist die beste Zeit, um auf dem Panoramaweg Werderobst durch die Region zu radeln, hausgemachte Weine zu kosten und in Hofläden einzukaufen.

#Obstkammer #FriedrichII. #OttoLilienthal #Quittenwein

Es blüht nicht nur in den Plantagen, sondern auch in Dörfern wie Derwitz.

Von Friedrich dem Großen ist die Liebe zu Kirschen überliefert, für die er ein Vermögen ausgab, wie die Archivare akribisch in den »Schatullrechnungen« vermerkten. 1763 erneuerte der König einen Erlass, nach dem jeder Bauer jährlich zehn bis zwölf neue Obstbäume pflanzen musste – mit ein Grund für die Entwicklung des Havellandes zur Obstkammer Berlins und Potsdams.

Auch heute bedecken Plantagen die Hänge rund um Werder und das Baumblütenfest Ende April gehört zu den Highlights der Region. Der Panoramaweg Werderobst führt quer hindurch, markiert durch einen roten Apfel auf grünem Grund. Die Radtour startet am Bahnhof, wo es zunächst über quirlige Hauptstraßen Richtung Süden geht, vorbei an der sehenswerten Altstadtinsel, bis man nach vier Kilometern rechts in die Fercher Straße abbiegt.

Erste Pause im Sanddorn- und Kräutergarten am Glindower See! Es gibt ein nettes Café und im Hofladen regionale Spezialitäten, da-

runter viele aus Biosanddorn (www.sanddorn-garten-petzow.de). Nach der Kirche in Petzow rechts weiter, durch Wald und am See entlang. Hinter Glindow taucht man in die Obstplantagen ein. Ein Highlight ist der Fuchsberg mit der Rekonstruktion eines historischen Telegrafenmastes und Postkartenblick über den Großen Plessower See.

Immer wieder weisen Schilder zu Obsthöfen, Manufakturen und Hofläden, darunter am Fuße des Fuchsberges der Blütengarten Lorenz (www.baumbluetenfest-lorenz.de) mit

---

Hin & weg: Mit RE 1 (Magdeburg-Berlin-Brandenburg) nach Werder, Rückfahrt alternativ ab Groß Kreutz. Fahrräder vermietet in Werder Krüger & Till (www.bootshandel-werder.de).

Beste Zeit: Zur Blütezeit Ende April-Mai oder während der Erntesaison.

Dauer & Strecke: Mit Einkehr 4-6 Std., knapp 42 km.

Ausrüstung: Im Frühjahr warme Kleidung, Satteltasche für Einkäufe, App zur Orientierung.

Den schönsten Weitblick auf den großen Plessower See bietet der Fuchsberg (links). Kurz darauf liegen mehrere Obsthöfe an der Strecke.

einem Dutzend verschiedener Obstweine im Angebot, unter anderem aus Quitten. Idyllisch ist auch die Obstwiese Zuckerbaum nach der Abfahrt vom Karfunkelberg.

Fünf Kilometer weiter locken Kuchen und Snacks im gemütlichen Van Dam's Kirschenhof und in Derwitz kann man im Vierlindenhof einkehren – auch der Hofladen ist gut sortiert. Gleich nebenan erinnert ein kleines Museum an Otto Lilienthal, der anderthalb Kilometer weiter einen seiner Flugversuche durchführte. Das Denkmal an der Absprungstelle ist ein toller Aussichtspunkt.

Müde Beine? Dann steigt man einfach im nahe gelegenen Groß Kreutz in den RE 1. Schöner ist es aber, die Runde zurück nach Werder zu radeln. Hinter dem Denkmal geht es links am Waldrand abwärts, dann rechts in einen breiten Feldweg. Nach einem Waldabschnitt biegt man an der Landstraße links und unmittelbar vor den Bahngleisen rechts ins Dorf Kemnitz ab.

Den gepflegten Rittmeister-Park darf man nicht mit Rad befahren, stattdessen nimmt man kurz darauf die Waldstraße rechts. Schließlich folgt man dem Ufer des Großen Plessower Sees über Waldwege und saust vorbei an Datschen und kleinen Badestellen. Zu guter Letzt geht es in die Gertraudenstraße und zurück zum Bahnhof.

FAZIT: EINE PERFEKTE TOUR ZUM »ANRADELN« IM FRÜHJAHR MIT VIELEN EINKEHRMÖGLICHKEITEN UNTER BLÜHENDEN BÄUMEN.

STADT DER LETZTEN RUHE

#23

Der Südwestkirchhof ist Deutschlands zweitgrößter Friedhof – und noch viel mehr: Landschaftspark und Denkmal der Bestattungskultur, botanischer Garten und verwunschene Wildnis. Wer in das Labyrinth der Wege und Alleen eintaucht, begibt sich auf eine spannende Zeitreise.

#Zentralfriedhof #Mausoleen #Stabkapelle #Berühmtheiten

Besonders wertvolle Denkmale historischer Grabkunst findet man in der Alten Umbettung am Nordende des Friedhofs.

Friedrich-Wilhelm Murnau und Werner von Siemens, Engelbert Humperdinck und Lovis Corinth, Heinrich Zille und Manfred Krug: Rund 80 Persönlichkeiten aus Politik, Wirtschaft, Wissenschaft und Kultur sind auf dem Südwestkirchhof in Stahnsdorf beerdigt. 50 der bekanntesten Namen findet man in einem Lageplan, mit dem man auf Spurensuche gehen kann.

Deutschlands zweitgrößter Friedhof wird unter Kennern in einem Atemzug mit Père Lachaise in Paris oder dem Wiener Zentralfriedhof genannt, in deren Begräbnisstätten sich die Geschichte ihrer Länder spiegelt. Neugierige Besucher sind auch in Stahnsdorf ausdrücklich willkommen. Die meisten tauchen auf eigene Faust ein und lassen sich treiben oder suchen ganz bestimmte Gräber. Sogar ein Picknick ist hier nicht verpönt.

Gleich hinter dem Haupteingang führen Wege in verschiedene Abschnitte, die nach Berliner Kirchengemeinden benannt sind. Die Stadt war zu Beginn des 20. Jahrhunderts stark gewachsen, die Friedhöfe überlastet, sodass ein Zentralfriedhof 1909 Abhilfe schaffen sollte. Einer der faszinierendsten Bereiche ist die Alte Umbettung im Nordwesten, mit mehr als 100 prunkvollen Familiengräbern, die sich märchenhaft in den Wald einfügen. Es handelt sich um das Resultat nationalsozialistischer Städteplanung, der Ende der 1930er-Jahre mehrere Friedhöfe weichen mussten.

Die Atmosphäre ist mystisch bis verwunschen. Von Efeu eroberte Bäume wechseln sich mit Flieder und Rhododendren, es gibt von Moos bedeckte Statuen, mit Grabsteinen verwachsene Bäume, rostige schmiedeeiserne Verzierungen, kunstvolle Reliefs, Statuen und Engelsfiguren. Auch die historischen

Die Friedhofskapelle von 1909 erinnert zwar an nordische Stabholzkirchen, wurde jedoch in waagerechter Blockbauweise errichtet – und ist über eine Sichtachse von Weitem zu sehen.

Grabinschriften sind spannend: »Unser liebes Muttchen«, »Für Kaiser und Vaterland«, »Gefallen in Stalingrad«.

Ein besonderer Anziehungspunkt ist die Kapelle im Stil einer Norwegischen Stabholzkirche. Weiter südlich erstreckt sich ein weiterer verwunschener Bereich mit kleinen Grasplätzen und moosbedeckten Pfaden.

Übrigens wird der Kirchhof bis heute für Bestattungen genutzt – auch von Promis. So legt zum Beispiel manch weiblicher Fan am Grab von Manfred Krug Blumen ab.

Der Förderverein des Friedhofs bietet geführte Touren zu Fuß und mit dem Rad, außerdem Führungen zu besonderen Anlässen wie der Rhododendrenblüte sowie Konzerte in der Holzkapelle (www.suedwestkirchhof.de).

FAZIT: EINE MISCHUNG AUS GESCHICHTSSTUNDE UND NATURERLEBNIS – AM BESTEN EINFACH TREIBEN LASSEN UND DETAILS AUFSAUGEN!

Hin & weg: Von Potsdam mit Buslinie X1, 601 oder 602 bis Meisenweg. Aus Berlin gibt es mehrere Verbindungen ab U-Bahnhof Krumme Lanke und Oskar-Helene-Heim sowie ab S-Bahnhof Zehlendorf und Wannsee. Parkplätze findet man direkt am Haupteingang. Man darf auf dem Friedhof auch Rad fahren.

Beste Zeit: Zur Rhododendrenblüte Mitte Mai–Mitte Juni oder zur Blüte des Heidekrauts im September.

Dauer & Strecke: Man kann sich problemlos einen halben Tag treiben lassen.

Ausrüstung: Am Eingang gibt es einen Geländeplan und einen Audioguide. Infos zu Grabstätten vermittelt auch eine App: www.wo-sie-ruhen.de

---

Brocken / Harz
New York

HOCH ÜBER DER HAVEL

#24

Nein, der Götzer Berg ist nicht der höchste Gipfel des Havellandes – aber der Ausblick über die Havel sucht trotzdem seinesgleichen. Nach der Besteigung ist es nicht mehr weit bis zu den Deetzer Erdlöchern, einem wilden Labyrinth aus Teichen, durch das sich die Route schlängelt.

#Havelliebe #Aussichtsturm #Vogelparadies #Urwald

Angler freuen sich an den Deetzer Erdlöchern über den Fischreichtum, Wanderer über die wilde Natur – und Kinder über Frösche und kleine Schlangen.

Mit knapp 109 Metern ist der Götzer Berg nur der dritthöchste des Havellandes, doch seine Aussichtsplattform in 136 Metern überragt sie alle. Der vier Kilometer lange Aufstieg startet am Bahnhof in Götz, führt über die Dorfstraße Richtung Norden, hinter dem Sportplatz rechts und über Deetzer Weg und Neuer Weg bis in den Wald. Am Waldrand entlang hält man sich links bis zum Schulweg und biegt rechts ab. Kurz vor einer Kuppe geht es links in einen sandigen Weg und nach weiteren 400 Metern ist der Turm erreicht.

Hin & weg: Mit RE 1 (Magdeburg–Berlin–Cottbus) bis Götz, alternativ mit Bus 554 ab Brandenburg ZOB (Richtung Kloster Lehnin).

Beste Zeit: Frühling–Herbst, aufgrund des vielen Schattens ideal für heiße Sommertage.

Dauer & Strecke: 3–5 Std., 13,5 km.

Ausrüstung: Fernglas, Mückenschutz, an windigen Tagen eine Jacke für den Turmaufstieg.

Der Blick von der Plattform auf Beetzsee und Brocken, Kloster Lehnin und Brandenburgs Marienberg, vor allem aber den glitzernden Lauf der Havel, raubt einem den Atem. Am Fuße des Turms kann man picknicken, der schönste Rastplatz folgt jedoch später an der Havel. Hinter dem Turm wandert man rechts durch den Wald abwärts bis in den Ort Götzer Berge, wo man die Bergstraße überquert und auf dem Havelradweg weiterläuft.

Nach 300 Metern schimmern die ersten Deetzer Erdlöcher zwischen Bäumen hindurch: ein Netz aus zugewachsenen Teichen, die durch schmale Landbrücken voneinander getrennt

Gut 42 Meter misst der Aussichtsturm auf dem Götzer Berg bis zur Spitze. Die Blicke reichen bis zum Brocken und dem Marienberg in Brandenburg.

sind. Über 100 Jahre lang wurde hier Ton für die Ziegelherstellung abgebaut, dann füllten sich die Gruben mit Grundwasser. Ein beliebtes Angelrevier, in dem sich Zander, Barsche und Hechte tummeln.

Es geht nach links über den asphaltierten Radweg weiter. Kurz vor einer Rechtskurve zweigt links ein kurzer Abstecher zu einer alten Drehbrücke mit Blick über einen verwilderten Entwässerungsgraben ab. Nach der Rechtskurve folgt ein weiterer Abstecher in Richtung Havel. Auf keinen Fall verpassen, denn nach 500 Metern wartet ein idyllischer Rastplatz mit zwei Bänken am Fluss!

Zurück auf dem Asphaltweg, wandert man weiter an den Teichen entlang. Von dort aus ist es übrigens nicht weit zum Havelstübchen, einem sympathischen Familienbetrieb zum Einkehren (https://havelstuebchen.business.site). Am Rande der Teichlandschaft führt ein Pfad nach rechts und im Zickzack zurück nach Götzer Berge. Bäume liegen quer, Frösche quaken, hin und wieder sieht man eine Biberrutsche oder eine kleine Schlange. Zurück im Ort, marschiert man links über die Bergstraße weiter. Kurz nach Erreichen der Landstraße biegt man wieder rechts in den Wald ab, um die Runde kurz vor Götz zu schließen.

FAZIT: EINER DER SCHÖNSTEN AUSBLICKE IM HAVELLAND, GEPAART MIT EINER VERWUNSCHENEN WASSERLANDSCHAFT.

DIE POST GEHT AB

... quer durch den Krämer Forst

#25

Sechs Taler und 18 Groschen kostete einst eine Fahrt mit der Postkutsche von Berlin nach Hamburg. Heute kann man auf der alten Poststraße durch den Krämer Forst radeln, der wie eine grüne Insel im Gliener Land liegt. Am Waldrand entdeckt man verschlafene Dörfer, eine Wasserburg und eine Windmühle.

#Pilgerweg #Seenland #Postkutscher #Kiefernwald

Mehrere Postmeilensteine nach historischem Vorbild wurden in den letzten Jahren entlang der Strecke aufgestellt.

Startpunkt ist das barocke Schloss Schwante nahe dem Bahnhof, in dessen Restaurant man die Runde am Ende ausklingen lassen kann. Seit 2020 gibt es hier einen weitläufigen Skulpturenpark mit Werken von Künstlern aus aller Welt, Hängematten und Liegestühle laden zum Chillen ein (Juni bis Oktober, Eintritt, www.schlossgut-schwante.de). Im Hofladen wird Proviant verkauft.

Südlich des Parks geht es am historischen Wasserturm rechts, dann an der Hauptstraße links und über die Pervenitzer Chaussee Richtung Klein Ziethen, gefolgt von Groß Ziethen mit seinen Backsteinhöfen und einem Schlosshotel. In Staffelde fällt ein prächtiges historisches Vorlaubenhaus ins Auge. Auf der Nauener Chaussee radelt man südlich über die Autobahn, dann sofort links in den Wald.

Nun rollt man über die Alte Hamburger Poststraße. Schon seit dem Mittelalter verliefen Handels- und Heeresrouten durch dieses Waldgebiet, Pilger zogen dort auf ihrer Wallfahrt zur Wunderblutkirche in Bad Wilsnack durch. Im 17. Jahrhundert baute man die Postroute durch den Forst aus: Nicht nur Pferdereiter beförderten Briefe, sondern auch Postkutschen, die Passagiere mitnahmen.

Damals wie heute reiste man auf einfachen Waldwegen, und inzwischen sind auch wieder einige der historischen Postmeilensteine aufgestellt (eine Preußische Meile entspricht rund 7,5 Kilometern). Mitten im Wald, am Ziegenkrug, kann man am einstigen Standort eines Gasthauses unter Eichen und Kastanien einen Picknickstopp einlegen.

Im Dörfchen Bötzow geht es über die Marwitzer Straße in den gleichnamigen Ort mit Dorf-

Ein Highlight der Tour ist das Dorf Vehlefanz, wo Bohlenwege rund um das Feuchtgebiet am Mühlensee führen. Schilder erinnern an die einstige Poststrecke.

teich, Kirche und Kriegerdenkmal (möglicher Abstecher am Ortseingang in den Schmiedeweg zu einem Storchennest am Sportplatz). Kurz hinter Eichstätt rechts abbiegen, später die Autobahn unterqueren, dann durch das Straßendorf Bärenklau.

In Vehlefanz reiht sich schließlich ein Highlight an das nächste: zunächst das historische Amtshaus, kurz darauf eine Backsteinruine auf der linken Seite, letztes Relikt einer mittelalterlichen Wasserburg, 200 Meter weiter der einstige Burgwall mit mächtigen Buchen auf seiner Spitze. Ein schöner Rastplatz mit Blick über Weiden und Gehöfte!

Über die Straße Burgwall und den Weinbergsweg taucht man danach in die Wasserwelt rund um den Mühlensee ein, wo Bohlenwege durch Feuchtgebiete führen. Unbedingt einen Abstecher zur Bockwindmühle einbauen, die am Rande des Gebietes liegt. Der Weg endet am Wasserturm von Schwante.

FAZIT: ABWECHSLUNGSREICHE RUNDTOUR DURCH EINEN KAUM BEKANNTEN WINKEL DES HAVELLANDES.

Hin & weg: Mit der S25 von Berlin nach Hennigsdorf, weiter mit RE 6 oder RB 55 in den Krämer nach Schwante (oder Vehlefanz), alternativ mit dem Rad in Hennigsdorf weiter nach Bötzow (6 km einfach).

Beste Zeit: Frühjahr–Herbst.

Dauer & Strecke: 4–6 Std., knapp 50 km.

Ausrüstung: Picknick, Sonnen- und Mückenschutz.

AUF DEN SPUREN DER KUNST

... über die Freundschaftsinsel 

#26

Skulpturen, Mosaike, Brunnen: Überall in Potsdam findet man Kunst im öffentlichen Raum – zu DDR-Zeiten ein fester Bestandteil der Städteplanung. Am höchsten ist die Dichte der Werke auf der Freundschaftsinsel und im angrenzenden Neuen Lustgarten. Ein Frühlingsspaziergang.

#Lustgarten #Aktfiguren #moderneKunst #KarlFoerster

Bronzeplastiken von Kindern sind charakteristisch für die Arbeit des Bildhauers Hans Klakow (1899–1993).

Rechts die Havel, links die Alte Fahrt und dazwischen ein Paradies aus Stauden- und Rosengärten, großen Wiesen und alten Bäumen: Auf der Freundschaftsinsel erstreckt sich der wohl schönste innerstädtische Park Potsdams. Staudenzüchter Karl Foerster, der berühmte Vordenker der Gartengestaltung, legte mit seinen Plänen den Grundstein. In den 1960er-Jahren stellte man die ersten Plastiken in den Park – heute sind es rund zwei Dutzend.

Wenn man von der Langen Brücke auf die Insel kommt, springt gleich das erste Werk ins Auge: »Die Schönheit des Menschen in der Natur« heißt eine Bronzeplastik der Künstlerin Margret Middell von 1973/74 mit drei Aktfiguren, die sich so zwanglos auf der Wiese fläzen wie die vielen Potsdamer, die sich an warmen Tagen auf den drei Grasterrassen treffen (natürlich bekleidet).

Weiter hangabwärts gelangt man vorbei an den historischen Torhäusern in die eigentlichen Gärten, in denen verschlungene Wege durch die Blütenpracht und am Wasser entlangführen. Überall laden schattige Nischen und Bänke unter knorrigen Bäumen zum Verweilen ein. Die vielen exotischen Pflanzenarten sind mit Schildern beschriftet.

Die Ostspitze der Freundschaftsinsel mit ihren Holzbänken ist ein beliebter Treffpunkt (links).

Dazwischen verteilt sich Kunst, vor allem Bronzeplastiken wie das »Liebespaar unter dem Schirm« von Jürgen von Woyski oder die »Zeichnenden Kinder« von Hans Klakow, aber auch Zierwände und Brunnen. Die Spitze der Insel ragt wie ein Schiffsbug in die Havel und ist ein beliebter Picknickplatz. Man kann aber auch im Inselcafé einkehren, wo es alles von Frühstück über Stulle bis Wildburger gibt (www.inselcafe-potsdam.de).

Noch nicht genug Kunst? Der Spaziergang lässt sich fortsetzen: Westlich der Langen Brücke liegt der kaum besuchte Neue Lustgarten mit weiteren Kunstwerken. Über die Innenstadt verteilen sich insgesamt rund 150 Arbeiten, zum Beispiel in der Neustädtischen Havelbucht und rund um Wohnblocks wie in der Burgstraße oder Breiten Straße.

Hin & weg: Die Freundschaftsinsel liegt nur 100 m vom Potsdamer Hauptbahnhof entfernt, ebenso wie der Neue Lustgarten und der Walk of Modern Art. Weitere Standorte kann man bequem mit dem Rad entdecken.

Beste Zeit: An warmen sonnigen Tagen. Im Frühjahr ist die Blütenpracht fantastisch.

Dauer: Je nach Geschmack und Zeit vom einstündigen Spaziergang bis zur ganztägigen Spurensuche.

Ausrüstung: Ein Picknick, ein gutes Buch für eine Pause auf einer Wiese, unbedingt die Dokumentation der Kunstwerke (erhältlich u. a. in der Touristinfo oder als PDF unter www.potsdam.de/kategorie/kunst-im-oeffentlichen-raum).

FAZIT: EIN SPANNENDER AUSSCHNITT DER DDR-KULTUR, EINGEBETTET IN PARKS UND GÄRTEN.

AM EISERNEN VORHANG

... auf dem Mauerradweg

#27

Auf seinem havelländischen Abschnitt zwischen Alt Kladow und Hennigsdorf ist der Mauerweg besonders abwechslungsreich mit Kontrasten zwischen Stadt und Land, Wasser und Berg, Heide und Feuchtgebieten. Dazwischen erinnern Mauerreste und ein Wachturm an düstere Zeiten.

#Havelufer #Maueropfer #Schuttberg #Eiskeller

In Nieder Neuendorf steht einer der letzten Wachtürme der DDR-Grenztruppen.

Gemütlicher kann eine Radtour nicht beginnen: Eine Fähre der BVG steuert den Startpunkt Alt-Kladow vom S-Bahnhof Wannsee aus an. Kormorane auf der Insel Imchen begrüßen sie nach 20-minütiger Fahrt im südlichsten Teil Spandaus mit ihrem Gekrächze. Es geht nach links am Ufer entlang durch die Imchenallee, dann links in den Sacrower Kirchweg. 500 Meter weiter liegt der Landhausgarten Max Fraenkel, ein 100 Jahre alter Park – ein schöner Zwischenstopp am Havelufer. Im Gartencafé gibt es hausgemachten Kuchen (www.sommercafe-kladow.de). Rund 300 Meter hinter dem Ortsausgang biegt man rechts in den eigentlichen Mauerradweg ab. Nach einer schönen Abfahrt ist Groß Glienicke erreicht, wo man links um den gleichnamigen See weiterradelt, der zu Mauerzeiten geteilt war. An seiner Nordspitze erinnern ein Mauersegment und ein verrosteter Metallzaun daran. Auf keinen Fall den Abstecher nach links in den Gutspark mit Potsdamer Tor, Burgruine und Säulenrondell versäumen!

Nun folgt ein rund fünf Kilometer langer Abschnitt entlang der Potsdamer Chaussee, bis

Auf dem Hahneberg erlebt man den Kontrast zwischen den Feldern des Havellandes und den Hochhäusern in Spandau besonders eindrücklich. Auf Stelen ist die Mauerzeit dokumentiert.

links ein schmaler Weg (Achtung, rechtzeitig in der Abfahrt bremsen!) durch einstige Rieselfelder zum Hahneberg führt. Wegen des groben Pflasters ist dieser 87 Meter hohe Schutthügel schwer zu erklimmen, doch die Aussicht entschädigt: Auf der einen Seite erstreckt sich das weite Havelland, auf der anderen erblickt man die trubelige Stadt.

Hin & weg: Anreise inkl. Fahrrad mit der BVG-Fähre F10 vom S-Bahnhof Wannsee nach Alt Kladow. Rückfahrt ab Bahnhof Hennigsdorf mit der Regional- oder S-Bahn.

Beste Zeit: Frühling–Herbst. Im Sommer sind Badestopps möglich.

Dauer & Strecke: Mit Zwischenstopps und Einkehr mindestens ein halber Tag, 38 km.

Ausrüstung: Fahrrad, Picknick, Sonnenschutz.

Die Abfahrt endet am einstigen Grenzübergang Heerstraße mit einer Mauergedenkstätte. Dann fährt man durch Wohngebiete, in denen der Grenzverlauf kaum noch erkennbar ist. An der Spandauer Straße kommen Zeitzeugen in einer Freilichtausstellung zu Wort, zwei Kilometer weiter taucht der Mauerweg in den Spandauer Forst ein, vorbei an der einstigen Westberliner Exklave Eiskeller. Immer wieder weisen Stelen auf historische Ereignisse und Maueropfer hin.

Kurz hinter Schönwalde umrundet man den Laßzinsee, wobei ein Beobachtungsturm einen Blick in dieses kleine Naturschutzgebiet erlaubt. Dann bleiben noch vier Kilometer bis zur Bürgerablage, die nördlichste Badestelle Spandaus an der Havel. Zu Mauerzeiten wurden die Badenden hier misstrauisch von den

Grenzposten der DDR beobachtet – heute ist sorgenfreies Baden und Einkehr im Biergarten angesagt.

Auf dem asphaltierten Uferweg geht es weiter Richtung Norden, vorbei an einem Grenzturm, der ein Museum beherbergt. Fünf Minuten später über den Havelkanal und die Spandauer Allee zum Bahnhof in Hennigsdorf. Wer länger radeln möchte, kann auf dem Mauerradweg noch Frohnau umrunden und dann in die S-Bahn steigen.

FAZIT: AUF DIESER STRECKE ERWARTEN DEN RADLER NICHT NUR MAUERSPUREN, SONDERN AUCH VIEL NATUR UND BADESTELLEN.

Vie
itzer Berg
86m

DIE BERGE RUFEN

#28

Flach, flacher, Havelland ... dieses Vorurteil wird bei einer Wanderung auf dem Drei-Berge-Rundweg schnell widerlegt. Zugegeben, der höchste Gipfel erreicht hier nur knapp 86 Meter – der weite Blick über die Landschaft zwischen Havel und Stremme ist dennoch beeindruckend.

#hochhinaus #Auenschauen #Gipfelhopping

Die Tour, die mit einem weiß-grün-weißen Symbol und einigen Infotafeln markiert ist, startet in der Friedensstraße im Herzen von Milow. In der Neudessauer Straße biegt man sofort rechts ab und wandert nach 50 Metern links den Waldweg bergauf. Der erste – und spannendste – Gipfel ist nicht weit: Nach einer Senke geht es auf die Spitze des 71 m hohen Milower Berges. Schattige Eichen, ein großer Picknicktisch und der Blick über eine bunte Trockengraswiese machen Lust aufs Verweilen. Übrigens führt ein kleiner Pfad hinter dem Eichenhain zu einem weiteren Aussichtspunkt Richtung Stremme, die bei Milow in die Havel mündet.

Weiter geht es die Wiese abwärts und in einem Bogen nach rechts über die Bergstraße. An einer T-Gabelung links halten, dann nach rund 200 Metern über die Stremme. Links die Feuchtwiesen der Stremme, rechts Weiden für Pferde und Schafe – so malerisch setzt sich die Wanderung fort. Am Waldrand folgt man weiter dem Flusslauf und hält sich schließlich unter einem Strommast rechts.

Im Mündungsbereich der Stremme in die Havel grenzen Pferdeweiden an Feuchtgebiete.

Nun taucht man in den Wald ein, der die bergige Endmoräne bedeckt. Rund 700 Meter nach dem Waldrand zweigt rechts ein sandiger Weg zum Gipfel des Vieritzer Berges ab, mit 86 Metern der höchste der Milower Berge – diesmal mit Blick nach Westen. Er wurde einst als Begräbnisstätte genutzt, und einige Hügelgräber sollen noch an seinem Fuß schlummern. In einem Bogen nach links läuft man weiter bis zum Hauptweg, der den Höhenzug weiter umrundet, vorbei am Bützer Berg mit seinem zugewachsenen Gipfel und am Rande der Nebenarme der Stremme entlang. Mit etwas Glück sieht man hier Kraniche und Weißstörche. Über die Bergstraße erreicht man schließlich wieder Milow.

Tipp: Wer die Wanderung mit einem Dorfspaziergang verbinden möchte, kann auch am sehenswerten Naturparkzentrum starten (plus 1,5 Kilometer für die einfache Strecke; www.nabu-westhavelland.de). Ein Flyer informiert über die wichtigsten Highlights, unter anderem auf den Spuren des Milchbarons Carl Bolle. Neben dem Zentrum liegt der empfehlenswerte Gasthof Milow (www.gasthof-milow.com).

FAZIT: KEINE GIPFELTOUR ZUM ANGEBEN, STILLT ABER TROTZDEM DIE BERGSEHNSUCHT.

Hin & weg: Mit RE 4 nach Rathenow, weiter mit Bus 678 Richtung Bahnitz. Parkplätze in der Friedensstr. und am Naturparkzentrum.

Beste Zeit: Frühling–Herbst.

Dauer & Strecke: 3–4. Std., 10 km.

Ausrüstung: Fernglas, Mückenschutz, Wanderschuhe.

MIT ENTEN SCHWIMMEN

… im Waldbad Nymphensee

Er gilt als einer der klarsten Seen in Brandenburg: Der Nymphensee in Brieselang ist Naturschutzgebiet und Waldbad zugleich. Sein Schilfgürtel am Südufer gehört ganz der Vogelwelt, auf der anderen Seite laden Sandstrände und schattige kleine Buchten zum Chillen, Baden und Paddeln ein.

#Abtauchen #Retrolook #Vogelinsel #Strandbad

Die Insel in der Mitte des Nymphensees ist für die Vogelwelt reserviert.

Das Havelland zählt Hunderte von Badestellen und Seebädern, vom hippen Strandbad mit Spielplätzen, Riesenrutsche und Restaurant bis zur verschwiegenen Badebucht, die nur ein paar Einheimischen kennen.

Doch welchen Ort kann man besonders empfehlen? Ganz klar den Nymphensee! Er gilt als einer der saubersten und klarsten – vielleicht liegt es daran, dass er sich vollständig aus Grundwasser speist und noch ganz »jung« ist: Vor 100 Jahren befand sich in Brieselang nur ein kleiner Teich, der Ende der 1970er Jahre zum See wurde, weil man ihn für den Autobahnbau ausbaggerte.

Ein Waldbad erstreckt sich entlang des Nordufers des 15 Hektar großen Gewässers, sodass jeder einen Platz nach seinem Geschmack findet. Zum Beispiel auf der großen Wiese am langen Sandstrand mit Nichtschwimmerbereich, in einer der vielen kleinen Buchten oder im FKK-Abschnitt mit Liegewiese. Doch Vorsicht, Textilien sind offiziell tabu, worauf die Stammgäste auch gerne hinweisen.

Wer es chillig und ein bisschen retro mag, ist hier genau richtig. Es gibt einen Beachvolleyballplatz, eine Fasssauna, einen sauberen Sanitärbereich und ein paar betagte Spielgeräte, mehr nicht! Man kann ein Stand-up-Paddleboard ausleihen und am SUP-Yoga teilnehmen. Weil das Wasser so klar ist und man rund drei Meter weit sieht, betreibt der Tauchclub Brieselang/Spandau eine Tauchbasis. Gästetauchen ist nach Anmeldung möglich (vorstand@tcbs.de).

Hin & weg: Mit RB 10 oder 14 aus Richtung Berlin und Nauen. Der Bahnhof liegt 1,2 km vom Waldbad entfernt.

Beste Zeit: Im Sommer. Unter der Woche wird es selten voll. Die kostenpflichtige Badesaison beginnt Mitte Juni. Für Abgehärtete ist das Waldbad ganzjährig zugänglich.

Dauer: Hier kann man problemlos einen ganzen Tag verbringen.

Ausrüstung: Badekleidung und Sonnenschutz. SUP oder Schlauchboot dürfen mitgebracht werden, Hunde und Grill dagegen nicht.

Einzigartig – und immer präsent – ist die Tierwelt: Die Wildgänse, die sich vor Ort tummeln, watscheln manchmal bis auf zwei Meter ans Handtuch heran. Auch den Enten, deren Nester im Schilfgürtel am Südufer liegen, begegnet man beim Schwimmen Auge in Auge. Nicht erschrecken: Am Grund des Sees hausen ein paar riesige Karpfen. Und zwischendurch lassen Frösche ihr Konzert erklingen.

Proviant vergessen? Dann ist das kleine Restaurant mit Holzterrasse überm See der ideale Ort. Neben der üblichen Imbisskarte gibt

Der Sandstrand mit seichtem Seezugang ist beliebt bei Familien mit Kindern.

es auch Pizza, Flammkuchen und Pasta. Am besten kommt man gegen Abend, wenn die meisten Badegäste gegangen sind. Manchmal legt auch ein DJ auf (Termine unter www.nymphensee-brieselang.de).

FAZIT: EIN BISSCHEN CLUB, EIN BISSCHEN PRIVATE BADESTELLE, EIN BISSCHEN DDR-CHARME.

AUF DEM AUENWEG

#30

Die bunten Gärten am Fuße des Havelberger Doms gehen im Stremel-Naturschutzgebiet nahtlos in eine wilde Auenlandschaft über: mit Feuchtwiesen, Bauminseln, Seen und Wassergräben. Eine Rundwanderung für einen Tag, an dem der Wind die Wolken über den weiten Himmel jagt.

#wieamAmazonas #Wasserwelt #Vogelbeobachtung #Ramsar

Der Kontrast zwischen den liebevoll gepflegten Gärten der Havelberger und der Wildnis an der Havel macht diese Wanderung so besonders.

Los geht es an der Dombrücke und eine Treppe hinab zu einem Wiesenweg zwischen dem Stadtgraben und den Gärten der Anrainer. Fast jedes Wohnhaus in den schmalen Straßen am Bischofs- und Weinberg hat einen Streifen Garten bis zum Wasser. Rosen blühen, und am Ufer sind Boote aufgebockt oder dümpeln auf dem Fluss. Hinter den letzten Häusern wandert man rechts weiter über die Weinbergstraße mit Blickachse zur Adlerlanke, einen verwilderten Altarm der Havel voller Seerosen. Augen auf – vielleicht entdeckt man eine der seltenen Trauerseeschwalben! An einer Häusergruppe biegt man rechts über einen Schotterweg in die Auen ab. Immer wieder schimmert ein See oder Altarm in der Ferne, knorrige Weiden säumen die Strecke. Vogelschwärme steigen auf, permanent liegt ein Krächzen und Schnattern in der Luft.

Teilweise verläuft die Strecke über Reste eines Deichs, dann wieder über einen Wiesenweg am Rand des Stremel-Naturschutzgebietes an der Neuen Jäglitz. In dem nach der Ramsar-Konvention ausgewiesenen Vogelschutzgebiet kommen Arten wie der Kiebitz, die Rohrdommel oder Bekassine vor und hier machen viele Zugvögel Rast. An einem Turm der Wasserwirtschaft geht es geradeaus weiter (alternativ könnte man den Weg über das Dorf Wöplitz abkürzen).

Schließlich erreicht man durch Weiden und Wiesen mit zahlreichen Wildblumen einen Turm zur Vogelbeobachtung, an dem man im September und Oktober Kraniche sehen kann.

Ein Plattenweg führt nach links zurück Richtung Havelberg, zuerst am Deich, dann am Waldrand entlang. Rund 200 Meter hinter dem verschlafenen Ort Wöplitz geht es halbrechts aufwärts durch einen Hohlweg und durch eine prächtige Lindenallee.

In Havelberg links über die Straße Am Sportplatz quer durch ein altes Eichenwäldchen in die Pestalozzistraße. Einen kurzen Abstecher 200 Meter nach links liegt der Aussichtspunkt Lug ins Land mit atemberaubendem Blick auf die Untere Havelniederung. Über die Pestalozzistraße und die Fliedertreppe läuft man zurück.

Beliebt für die Einkehr nach einer Tour ist das Bilderbuchcafé (www.dasbilderbuchcafe.de) gleich neben dem Rathaus, wo es neben Kuchen auch Flammkuchen, Suppen, Salate und Burger gibt.

FAZIT: WILDE NATUR UND VOGELWELT AUF KAUM BEGANGENEN WEGEN.

Hin & weg: Mit der Regionalbahn nach Stendal (aus Süden und Westen) oder Glöwen (aus Norden und Osten), weiter mit Bus 900 nach Havelberg.

Beste Zeit: Frühjahr–Herbst.

Dauer & Strecke: 4–5 Std., ca. 16 km.

Ausrüstung: Knöchelhohe Schuhe oder Gummistiefel nach Regenfällen, Sonnenschutz, Fernglas, genügend zu essen und trinken.

WÖLFE UND LÖWEN

 ... auf der Insel Buhnenwerder 

Seltene Insekten wie der Bienenwolf und der Ameisenlöwe haben auf der kleinen Insel Buhnenwerder einen Rückzugsort gefunden. Paddle & hike *lautet das Motto eines Ausflugs auf das winzige Eiland mit seinem einzigartigen Ökosystem zwischen Feuchtwiesen und Trockenrasen.*

#RoteListe #Inselhopping #Naturschutzgebiet #Baumexoten

Natura Trails führen in ganz Europa durch Schutzgebiete nach Natura-2000-Kriterien. Viele entstehen durch die Arbeit ehrenamtlicher Helfer.

Die Larve der Ameisenjungfer, Ameisenlöwe genannt, gräbt kleine Trichter in den Sand. Rutscht eine Ameise in die Falle, zieht die Larve sie unter die Erde und saugt sie aus. Nur ein Beispiel für die exotische Tier- und Pflanzenwelt, die auf der knapp 1,2 Kilometer langen Insel Buhnenwerder zwischen Breitlingsee, Plauer See und Möserschem See ihre Heimat hat.

Hin & weg: Buhnenwerder ist nur mit Kajak oder Hausboot erreichbar, Kanus/Kajaks vermietet Schloss Plaue (www.schlossplaue.de). Auch die Marina in Malge hat Boote im Angebot (www.malge.com).

Beste Zeit: Im Frühjahr und Sommer, möglichst nicht bei starkem Wind.

Dauer & Strecke: Anfahrt im Boot ab Plaue ca. 1–2 Std. einfach (rund 4 km), Rundweg 1 Std., knapp 3 km.

Ausrüstung: Mückenschutz, Fernglas, Picknick und genügend zu trinken.

Das Inselchen ist Teil des Naturschutzgebietes Buhnenwerder-Wusterau. Doch während die Halbinsel Wusterau gar nicht betreten werden darf, kann man Buhnenwerder auf einem rund zwei Kilometer langen Natura Trail entdecken – dieses Siegel tragen nur wenige Wanderwege durch herausragende Schutzgebiete. Am schnellsten gelangt man im Kanu von Schloss Plaue oder Malge nach Buhnenwerder. Der Besuch lässt sich aber auch in eine Hausboottour einbauen.

Die Wanderung beginnt am schmalen Sandstrand mit Picknickplatz im Nordwesten der Insel, dem einzigen möglichen Bootsanleger.

Wo fliegen Sie denn? Wer Vögel sichten will, muss etwas Geduld mitbringen.

Es geht durch die Reste eines Landschaftsparks, den Naturliebhaber hier vor knapp 100 Jahren anlegten: mit rund zehn Kiefernarten, Wacholder, Eichen, Weißdorn und Ebereschen. Ein Verein kümmert sich um den Erhalt der Landschaft mit dem besonders seltenen Sandtrockenrasen, stellt Nistkästen auf und pflegt die Fledermausreviere.

Alle paar Meter stößt man auf einen Ameisenhaufen, und kleine Löcher im Boden deuten auf Sandbienen, Sandlaufkäfer und Bienenwölfe hin, die zum Schutz vor dem harschen Klima Nisthöhlen bis zu 60 Zentimeter unter der Erde anlegen. Immer wieder öffnen sich Sichtachsen zu den umliegenden Seen. Infotafeln erklären die Geschichte Buhnenwerders sowie die Tier- und Pflanzenwelt. Viele Bäume sind wie in einem botanischen Garten beschriftet.

Im Süden befinden sich Feuchtwiesen und in einer schilfumsäumten Bucht erstreckt sich ein Seerosenteppich. Dieser Teil der Insel steht unter besonders strengem Schutz - Boote dürfen sich der Bucht nicht nähern. Dort stehen zahlreiche Vogelarten unter Schutz, nach denen man von einem Beobachtungsturm Ausschau halten kann. Anschließend spaziert man durch üppige Wiesen zurück zum Bootsanleger.

FAZIT: EINE SPANNENDE KOMBINATION AUS PADDELN UND WANDERN IN EXOTISCHER NATUR.

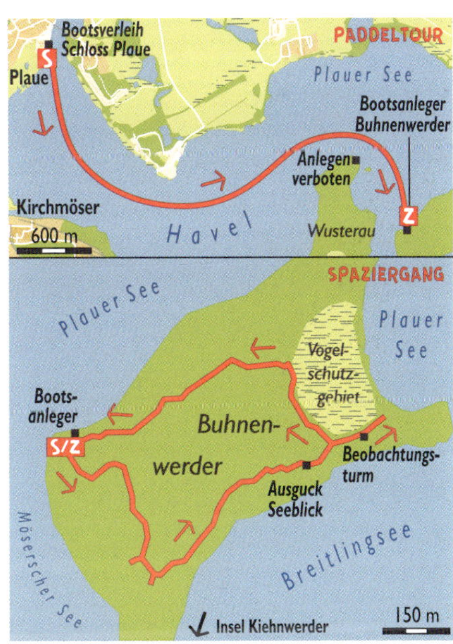

FÄHRMANN, HOL ÜBER!

 ... im Optikpark Rathenow 

Die elegant geschwungene Weinbergbrücke ist Rathenows jüngstes Wahrzeichen – sie verbindet den Optikpark mit seinen bunten Farben und Formen und den idyllischen Weinberg. Highlight einer Rundtour ist die Floßfahrt auf einem verwilderten Havel-Altarm.

#Bismarckturm #Spektralfarben #Friedhofskultur #Weltzeituhr

Mehrere Fährleute staken die Besucher durch ein verwunschenes Flussidyll.

Auf der Schwedendamminsel gaben sich Gartenbauer und Landschaftsplaner schon immer die Klinke in die Hand: zuerst zu DDR-Zeiten, dann bei der Landesgartenschau 2006 und zuletzt bei der Bundesgartenschau 2015. Die Highlights erlebt man heute im Optikpark Rathenow (www.optikpark-rathenow.de), der an die Industriegeschichte erinnert, denn die größte Stadt des Westhavellands gilt als Wiege der optischen Industrie. Schon Anfang des 19. Jahrhunderts entstanden dort geschliffene Gläser für Brillen und Mikroskope.

Auf einer rund vier Kilometer langen Runde kann man sich durch den Park treiben lassen, den Hausberg von Rathenow besteigen und einen historischen Friedhof erkunden. Los geht es am Haupteingang des Optikparks. Der Weg nach links führt Richtung Havel durch einen Spielbereich für Kinder. Erwachsene können es sich hier mit einem Buch im Strandkorb gemütlich machen.

Am Flussufer – direkt neben dem höchsten Leuchtturm Brandenburgs – wartet der Fährmann für eine Tour über einen renaturierten Altarm der Havel (unterwegs auf Eisvögel achten!) auf Passagiere. Danach folgt eine begehbare Simulation der Lichtbrechung mit farbigen Pyramiden und 36 Beeten in Regenbogenfarben. Noch aus DDR-Zeiten stammt eine Steganlage über Seerosenteichen, die an den Bau der Berliner Weltzeituhr in Rathenow erinnert.

Eine kurze Stärkung im Parkcafé, dann spaziert man über die 348 Meter lange Weinbergbrücke in einem Bogen über die Havel bis in

Pünktlich zum Beginn des Ersten Weltkriegs weihte Rathenow 1914 den Bismarck-Turm ein. Früher gab es eine Gedenkstube für den Reichskanzler, heute darf man im Turm heiraten.

den Weinbergpark. Dort dominiert Grün in Form von hohen Bäumen, Efeuteppichen, Rhododendrenhainen. Auf dem 57 Meter hohen Kiekeberg steht der wuchtige Bismarckturm, einer von knapp 180 erhaltenen Bauwerken mit diesem Namen. Der Blick von der Aussichtsgalerie lohnt sich!

Der Rückweg führt durch den historischen Friedhof, vorbei an verwitterten Grabsteinen, rostigen schmiedeeisernen Umzäunungen und dem einstigen Torhaus. Über den Kirchberg auf der Altstadtinsel (mit dem Geburtshaus des Optikpioniers Johann Heinrich August Duncker) schließt sich der Kreis zum Optikpark. Übrigens: Wer nicht im Parkcafé eingekehrt ist, kann im Restaurant Zum Alten Hafen in der Altstadt lecker essen (www.zum-alten-hafen.de).

FAZIT: GELUNGENE KOMBI AUS WISSENSCHAFT, SPIEL UND NATUR FÜR EINEN FAMILIENAUSFLUG.

Hin & weg: Rathenow ist mit RE 4 (Stendal–Berlin–Jüterbog) und RB 51 ab Brandenburg erreichbar. Weiter mit Bus 672, 673, 678 oder 679 zum Optikpark. Parkplatz am Haupteingang (Schwedendamm 1).

Beste Zeit: In der Optikpark-Saison von Mitte April–Ende Oktober.

Dauer & Strecke: Inklusive Einkehr je nach Geschmack 3–5 Std. für 4–5 km.

Ausrüstung: Kind und Kegel, Neugier für optische Themen und Spielfreude.

VON ESELN LERNEN

... in Paaren im Glien

Esel sind nicht störrisch, sondern vorsichtig und schlau – das ist die Botschaft bei einer Wanderung an der Seite der Vierbeiner. Der Verein Eselfreunde im Havelland päppelt kranke und verwahrloste Tiere auf und lädt zu Wanderungen ein. Oder man macht den Eselführerschein.

#Eselwandern #zottelig #Kampfkuscheln #Dickköpfe

Beim Eselwandern muss man sich ganz auf die Tiere einlassen.

»Komm, Ikarus, komm!«, ruft Christine Möller, und schon setzt sich eine kleine Karawane in Gang: an der Spitze der Hund Corky, dann die Chefin des Vereins Eselfreunde im Havelland und schließlich die Wanderer, die eine Tour mit Eselbegleitung gebucht haben. Ikarus ist einer von 23 Eseln des Vereins. Als die Tierschützer ihn übernahmen, war er verwahrlost und respektlos – heute ist er meist der erste, der sich an die Besucher kuschelt.

»Bei uns dürfen die Esel aussuchen, ob sie auf eine Wanderung kommen möchten«, sagt Möller. Meistens reißen die Tiere sich darum, in der Hoffnung auf leckere Pflanzen am Wegesrand. Jede Tour beginnt mit einer Ein-

weisung in die Wesensart der Vierbeiner und in die Regeln beim Wandern. Am beliebtesten ist laut Möller die kleine Pärchenwanderung.

Jede Tour wird individuell an Kondition und Interessen der Gäste angepasst: Gruppen- oder Familientour, acht oder zwölf Kilometer, mit Picknick oder Einkehr. Und beim Eselführerschein lernt man das Aufhalftern, Putzen und Führen. Wer sich besonders für Esel begeistert, kann auch einen Workshop über ihre Hal-

---

Hin & weg: Bus 659 verbindet Paaren im Glien mit Nauen, Bus 671 mit Spandau. Parkmöglichkeit am Startpunkt an der Chaussee.

Beste Zeit: Zwischen Frühling und Herbst.

Dauer & Strecke: Je nach Tour 3–6 Std., Wanderungen 8 und 12 km oder nach Absprache.

Ausrüstung: Feste Wanderschuhe, Regenjacke, Mücken- und Sonnenschutz, Picknick nach Absprache – und natürlich Tierliebe.

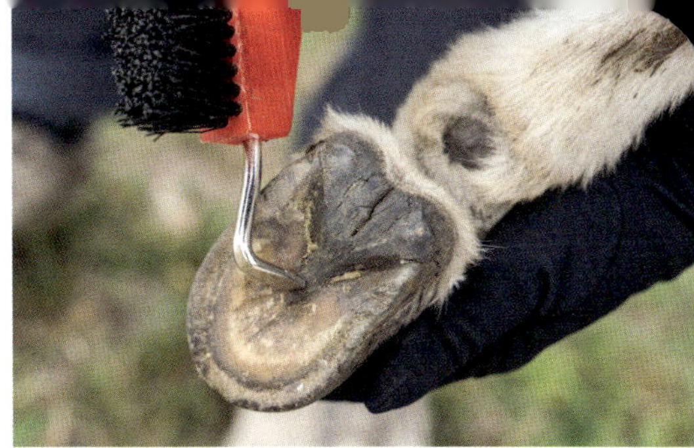

Im Wald sind manche Hindernisse zu überwinden – dann hilft manchmal nur Überzeugungsarbeit. Hinterher ist Hufpflege angesagt.

tung buchen. Alle Touren und Kurse sollten langfristig im Voraus reserviert werden (www.esel-freunde.de).

Das Eselprogramm soll nicht nur die Vereinsarbeit finanziell tragen, sondern auch Missverständnisse über die Tiere aufklären, zum Beispiel das Vorurteil, sie seien dickköpfig: Die Esel spürten an Herzfrequenz und Körperhaltung, wenn der Mensch gestresst ist – und würden dann selbst nervös, erklärt Möller. »Der Mensch muss deshalb innerlich herunterfahren, damit es harmoniert.« Reiten steht nicht auf dem Programm: »Wenn man reitet, kann man keine Beziehung zum Tier aufbauen.« In gemütlichem Tempo geht es auf verschiedenen Wegen durch die Kiefernwälder und Felder rund um das Dorf. Hin und wieder muss man über einen umgestürzten Baumstamm klettern. »Nicht austricksen lassen«, heißt die Devise beim Laufen, denn sobald die Wanderer sich nicht mehr aufs Tier konzentrieren, macht sich Ikarus ans Fressen. An der Leine zu zerren ist dann kontraproduktiv. Kurz vor Tourende kehrt man ins Stägehaus ein. Das Café mit kleinem Museum befindet sich im ältesten Gebäude in Paaren. Ikarus muss so lange auf der Koppel warten – er würde sonst den Kuchen von den Tellern klauen.

FAZIT: EIN EMOTIONSGELADENES ERLEBNIS, NACH DEM MAN ESEL MIT ANDEREN AUGEN BETRACHTET.

MIT DEM YELLOW CAB

… über die Potsdamer Seen

Sonnenblumengelbe Farbe, schwarze Schrift: Das sind die Erkennungszeichen der berühmten New Yorker Taxis. Exakt im gleichen Look ist das Potsdamer Wassertaxi unterwegs. Mit einer Tageskarte kann man 13 Stationen zwischen Jungfernsee und Templiner See ansteuern.

#Taxibitte #Leinenlos #nimmmichmitKapitän #Weltkulturerbe

Das Wassertaxi verkehrt nur im Sommer und Herbst.

→ Ausflüge …

Wer kennt das nicht: Auf der Fahrt mit einem klassischen Ausflugsdampfer würde man gerne hin und wieder aussteigen und auf Erkundung gehen oder ein paar Fotos machen. Bei einer Tagestour mit dem Potsdamer Wassertaxi kein Problem. Auf beiden Linien dieser ungewöhnlichen Schiffsverbindung darf man nach Lust und Laune rein und wieder raus. Am unabhängigsten ist man mit einer Tageskarte.

Die 13 Stationen verteilen sich nicht nur übers Stadtgebiet, sondern liegen auch an den Seen in der Umgebung. Dreh und Angelpunkt ist die Station am Hauptbahnhof. Den Weg zum Schalter im benachbarten Hafen kann man sich sparen, denn es gibt Tickets auch online oder an Bord. Der Clou: Fahrräder sind erlaubt und an Bord befindet sich sogar eine Ladestation für E-Bikes.

Am besten macht man sich vorher einen Plan, welche Sehenswürdigkeiten man ansteuern und wie viel Zeit man dort verbringen möchte. Drei an einem Tag sind realistisch, ohne dass es hektisch wird – dann hat man für jede

An den Anlegern mit Haltestellenschild warten schon die nächsten Passagiere - oder ein neugieriger Kormoran. Die Anfahrt auf die Sacrower Heilandskirche (rechts) ist ein Highlight.

ungefähr eine bis anderthalb Stunden Zeit, bevor das nächste Wassertaxi kommt. Bitte auch die Fahrtzeiten einrechnen. Vom Hauptbahnhof bis nach Sacrow ist man eine knappe Stunde unterwegs.

Hin & weg: Man kann an allen 13 offiziellen Haltestellen zusteigen. Am verkehrsgünstigsten ist die Haltestelle am Hauptbahnhof (am Südufer der Havel, unterhalb der Langen Brücke), dort legen morgens auch die ersten Schiffe der beiden Linien ab.

Beste Zeit: An warmen Tagen, wenn das Glasdach des Wassertaxis geöffnet ist. Die Saison geht von Mitte Juni bis Mitte Oktober. Unbedingt die Fahrtage beachten (www.schifffahrt-in-potsdam.de/potsdamer-wassertaxi).

Dauer & Strecke: Nach verfügbarer Zeit und Geschmack.

Ausrüstung: Flyer mit den Fahrtzeiten, Fernglas, Fotoapparat (mit Teleobjektiv), auch an warmen Tagen eine Windjacke, denn auf den Seen kann es kühl werden.

Startet man im Zentrum Richtung Norden, kann man unterwegs im Kulturareal der Schiffbauergasse aussteigen, am Park Babelsberg und an der Glienicker Brücke, an Schloss Cecilienhof und in Sacrow (inklusive Stopp auf der Berliner Seite mit Abstecher zur Pfaueninsel). Für eine Einkehr ist die historische Meierei direkt neben dem Sacrower Anleger ideal - an Bord gibt es nämlich keine eigene Gastronomie. An warmen Tagen geht übrigens das Cabriodach auf.

Auf der Route nach Süden lohnt ein Besuch der Neustädtischen Havelbucht, zum einen wegen der Nähe zu Schloss Sanssouci, zum anderen wegen des Kontrasts zwischen historischer und DDR-Architektur. Ein Geheimtipp abseits der Touristenströme ist die stille Insel Hermannswerder, um die man spazieren kann. Gewendet wird am Forsthaus Templin mit Biergarten und benachbartem Strandbad: Warum nicht ein Stündchen schwimmen? Aber nicht das letzte Wassertaxi verpassen!

Tipp: Bei der Fahrt über den Jungfernsee eröffnen sich immer wieder neue historische Sichtachsen - aber Achtung, diese Momente dauern oft nur Sekunden.

FAZIT: EIN VÖLLIG ANDERER BLICK AUF DIE HIGHLIGHTS DES WELTKULTURERBES – EINFACH ZURÜCKLEHNEN UND GENIEẞEN!

RADELN NACH ZAHLEN

#35

Start an der 95, dann geht es zur 90, gefolgt von der 91 – alles klar? Knotenpunktwegweisung heißt das Konzept, mit dem man im ganzen Havelland unkompliziert Radtouren planen kann. In Paulinenaue beginnt eine gemütliche Runde zu mehreren Gutshäusern und Parks.

#Herrenhäuser #Borsig #StillePauline #grüneWege

»Kasse des Vertrauens« heißt es bei einem Stand mit Obst, Gemüse und Marmeladen am Wegesrand. Auf dem Friedhof von Groß Behnitz befindet sich die Familiengruft der Borsigs.

Besonders erfolgreich war die Stille Pauline nie – ihren Spitznamen trug sie, weil sie nur so selten fuhr: Ende des 19. Jahrhunderts sollte sie als Stichbahn Passagiere zur Berlin-Hamburger Bahn transportieren. Heute radelt man hier auf den schon lange aufgegebenen Zugstrecken und über einsame Landstraßen durch Dörfer mit Herrenhäusern und Landschaftsparks.

Hin & weg: Mit RE 2 (Cottbus-Berlin-Wittenberge/Wismar) nach Paulinenaue.

Beste Zeit: Frühling-Herbst.

Dauer & Strecke: 4-6 Std. mit Dorfrundgängen, 41,5 km.

Ausrüstung: Wenn man nicht im Restaurant im Landgut Stober (www.landgut-stober.de) einkehren möchte, am besten ein Picknick mitnehmen.

Vor dem Schwedenturm kann man reife Mispeln pflücken.

Ein rotes Schild vor dem Bahnhof in Paulinenaue markiert den Knotenpunkt 95. Auf einer Karte darunter ist das gesamte Netz der Radrouten im Havelland zu sehen, so ist man immer orientiert und kann unterwegs spontan umplanen. Es geht vorbei am Flugplatz Bienenfarm, dann nach rechts - neugierig beäugt von den weidenden Tieren des Marienhofs, einem Kinderbauernhof, auf dem auch Tagesbesucher willkommen sind (www.marienhof-ribbeck.de).

In Ribbeck erreicht man Knotenpunkt 90 (siehe Eskapade #8) überquert dort die Hauptstraße und folgt anschließend einem asphaltierten Radweg durch den Wald, bevor man in Groß Behnitz nach rechts zum Landgut Stober abbiegt. Auf dem einstigen landwirtschaftlichen Mustergut der Industriellenfamilie Borsig entstand nach der Wende ein prämiertes Bio-Hotel. Keinesfalls einen Rundgang durch die prächtigen Backsteinbauten und den Landschaftspark mit seinen Platanen und Sumpfzypressen versäumen! Auch der Friedhof mit dem Familiengrab der Borsigs lohnt einen Blick.

Danach radelt man rund um den Groß Behnitzer See, der von einem Feuchtgebiet umgeben ist - vom nördlichen Ufer hat man nochmal eine tolle Aussicht auf das Gut. Am Waldrand biegt man rechts ab und fährt durch Felder, anschließend südlich der Bahnstrecke vorbei an Buschow (Knotenpunkt 92) bis nach Möthlow. Dort links abbiegen und hinter dem Ort rechts. Nach dem Knotenpunkt 93 in Richtung Senzke führt die Route durch Feuchtgebiete und über den Großen Havelländischen Hauptkanal. In leuchtendem Gelb markiert die Kirche im Bilderbuchdorf Senzke (Knoten 94) ein weiteres Highlight. Leider ist das Gutshaus nicht zugänglich. Dafür kann man in Wagenitz (Knoten 42) hinter dem Schwedenturm, der Ruine eines Küchenkamins aus dem 16. Jahrhundert, in einen verwilderten Landschaftspark eintauchen. Die letzten Kilometer bis Paulinenaue verlaufen durch eine beeindruckende Allee aus Kopfweiden.

Einen Flyer mit allen Knotenpunkten und Tourempfehlungen gibt es beim Tourismusverband Havelland (www.dein-havelland.de).

FAZIT: EINSAMKEIT PUR BEI EINER DORFRUNDE MIT ZAHLREICHEN HERRENHÄUSERN UND TOP-RADWEGEN.

IM LABYRINTH DER KANÄLE

#36

Seen und Wasserwege, Altarme der Havel und bunte Ufergärten bilden bei Ketzin eine verschlungene Wasserlandschaft. Am Strandbad der Kleinstadt kann man zu drei verschiedenen Touren mit dem Kanu aufbrechen – am schönsten ist die Entdeckerfahrt zum Thema Natur.

#Paddeln #Familienausflug #Anglerparadies #Tongruben

Fast jeder Bootssteg ist von Enten belagert, im Wasser tummeln sich Nutrias – eine Tierart, die eigentlich aus Südamerika stammt.

Vorsicht mit den Seerosen! Auf der Ketziner Havel haben sie so dichte Teppiche gebildet, dass man kaum zu paddeln wagt. Verstreut im Fluss liegen mehrere Inseln und im Zuge der Tongewinnung im 19. Jahrhundert entstanden viele neue Gewässer – mehr als 80 sollen es sein.

Das Strandbad des Ortes hat drei Touren in verschiedenen Längen und Schwierigkeitsstufen ausgewiesen, auf denen man die Region erkundet. Die Sandbanksafari bewegt sich über 3,5 Kilometer auf der Ketziner Havel und ist eine Entdeckungsrunde für Anfänger. Im Rahmen des eher herausfordernden Trebel-Adventure umrundet man über etwa neun Kilometer ein halbes Dutzend Inseln wie die Burgwall-Kaveln oder die Kormoraninsel. Und auf der besonders zu empfehlenden Tour Natur taucht man in die Ketziner Bruchlandschaft ein.

Los geht es am Ketziner Havelstrand, wo man Kanus ausleihen kann (www.ketziner-havelstrand.de), und an der Uferpromenade entlang, wo Kopfsteinpflasterstraßen direkt an der Havel enden. Später kommt man an einem Lost Place der Industriearchitektur vorbei, der von Vegetation bedeckt ist. Dann rechts abbiegen in den Ziegeleikanal, der im 19. Jahrhundert angelegt wurde, um die Produkte der rund 20 Ziegeleien abzutransportieren, die hier tätig waren – die letzte schloss kurz nach dem Krieg ihre Pforten.

Es folgt das Labyrinth der Seen. Am Ufer reihen sich Gärten und Datschen aneinander, manche halb verfallen, andere sorgfältig gepflegt und mit englischem Rasen. Man lässt sich am besten treiben, erkundet kleine Seen und Stichkanäle in die Gartenkolonien. Unbedingt nach Tieren Ausschau halten. Vor Ort haben Biber und Nutrias ihr Revier sowie Sumpfschildkröten und zahlreiche Vogelarten – auffällig sind die vielen Haubentaucher.

Besonders wild wird es im östlichen Teil der Bruchlandschaft, der durch eine schmale Durchfahrt erreichbar ist. Dort kommt ein Hauch von Urwaldfeeling auf. Achtung, es befinden sich umgestürzte Bäumen knapp unter der Wasseroberfläche! Zum Picknick legt man in einer Bucht oder an einem kleinen Strand an. Falls dieser nicht schon von Anglern besetzt ist, denn die Anglerdichte ist gefühlt die höchste Brandenburgs.

Versteckt hinter dichter Vegetation, schlummert noch manches Wochenendhäuschen im Dornröschenschlaf. Hin und wieder lädt ein kleiner Strand zum Anlegen ein.

FAZIT: EINE ÜBERRASCHUNGSREICHE PADDELRUNDE, IDEAL FÜR EINE KURZE AUSZEIT ODER EINEN FAMILIENAUSFLUG.

Hin & weg: Ab Potsdam mit Bus 614 Richtung Gutenpaaren, ab Wustermark mit Bus 642, ab Nauen mit Bus 648 (www.havelbus.de). Parkplatz 500 m vor dem Strandbad.

Beste Zeit: Frühling–Herbst. Letzterer ist mit bunter Laubfärbung und vielen Zugvögeln besonders faszinierend.

Dauer & Strecke: Je nach Geschmack zwischen 1 Std. und einem ganzen Tag, 5–15 km.

Ausrüstung: Fernglas, Sonnen- und Mückenschutz, Picknick, Badesachen.

NASCHEN ERLAUBT

Kirschen und Johannisbeeren, Äpfel und Birnen, Trauben und Pfirsiche: Das Havelland ist berühmt für seinen Obstanbau. Auf mehreren Höfen und Plantagen rund um Werder und Potsdam kann man die Früchte nicht nur in den hauseigenen Läden kaufen, sondern auch selbst ernten.

#frischgepflückt #Ernte #Aroniabeeren #reif&saftig

Wenn die Äpfel reif sind, beginnt die Hochsaison in Deutschers Pomonagarten.

Eine einsame Straße im Havelland, auf einer Wiese steht ein alter DDR-Bauwagen mit der Aufschrift »Wir feiern Baumblüte«, nicht weit davon weht über den Apfelbäumen in Deutschers Pomonagarten die Werderaner Fahne in Grün-Weiß-Rot. Der Chef persönlich sitzt während der Erntesaison meist am Verkaufstisch zwischen zwei Nussbäumen und sagt, wo es lang geht: »Boskop und Elstar sind gerade reif, außerdem die Birne Gute Luise und natürlich Pflaumen.«

Familien in Arbeitsklamotten und Gummistiefeln schwärmen zwischen den Baumreihen zum Pflücken aus, manche mit Körben – die man auch vor Ort ausleihen oder kaufen kann – andere sogar mit Schubkarren. Naschen ist ausdrücklich erlaubt, außerdem gibt es Bratwurst vom Grill und frischen Most oder Obstwein. Sind Körbe und Taschen gefüllt, landet alles auf der Waage.

Mehr als 30 Sorten hat der Familienbetrieb im Angebot, darunter exotische wie Gascoynes Scharlachroten oder den Danziger Kantapfel. Einige Bäume sind für Paten reserviert. Sie kommen jedes Jahr zur Ernte oder lassen sich die Früchte nach Hause schicken – min-

destens 20 Kilo im Jahr (www.apfelpatenschaft.de). Ganz in der Nähe liegt der Obsthof Lindicke, wo man neben Kirschen, Äpfeln und Birnen auch Erdbeeren ernten kann, im Hofladen gibt es regionale Spezialitäten.

Hin & weg: Deutschers Pomonagarten (www.obsthof-deutscher.de) und der Obsthof Lindicke (www.obsthof-lindicke.de) sind mit dem Fahrrad über den Panoramaweg Werderobst erreichbar. Mit dem Auto fährt man über die B1 und biegt am Obsthof Lindicke Richtung Lehnin ab. Das Obstgut Marquardt (www.obstgut.de) und Neumanns Erntegarten (nach Anmeldung, www.hofladen-potsdam.de) liegen an der B273 nördlich von Potsdam.

Beste Zeit: In der Erntesaison Ende April–Oktober. Die Höfe haben teilweise nur am Wochenende geöffnet.

Dauer: 2–4 Std. mit Einkehr.

Ausrüstung: Feste Schuhe und Outdoor-Kleidung, Korb oder Taschen für die Früchte.

Zwei weitere Selbstpflück-Anbieter befinden sich im Nordwesten Potsdams: Zum Obstgut Marquardt gehören Erdbeerfelder, Kirsch-, Pflaumen-, Pfirsich- und Apfelplantagen sowie der Hofladen in der Obstscheune. Besonders umfangreich ist das Angebot an Beeren in Neumanns Erntegarten, darunter Aroniabeeren.

Die Ernte beginnt meist im Laufe des Mais mit den Erdbeeren. Die Pflückzeit von Stachel- und Johannisbeeren sowie Süßkirschen konzentriert sich auf den Juni und Juli, Sauerkirschen kann man bis Anfang August ernten. Mitte Juli beginnt die Zeit der Birnen, die – je nach Sorte – bis tief in den Herbst reicht, ähnlich wie bei den Äpfeln. Die aktuellen Termine und Obstsorten werden auf den Webseiten der Höfe genannt, einige haben sogar ein Infotelefon.

Aus dem übrig gebliebenen Fallobst entstehen später Säfte, die man auch mitnehmen kann.

Tipp: Wer lieber ganz in der Natur pflückt, findet auf der Plattform mundraub.org Standorte von wilden Obstbäumen. Und beim Ernteprojekt Gelbes Band markieren Baumbesitzer ihre Bäume, die frei geerntet werden dürfen (www.gelbesband-brandenburg.de).

FAZIT: SELBST GEPFLÜCKT SCHMECKT DAS OBST GLEICH ZWEIMAL SO GUT – UND MAN UNTERSTÜTZT DABEI REGIONALE PRODUZENTEN.

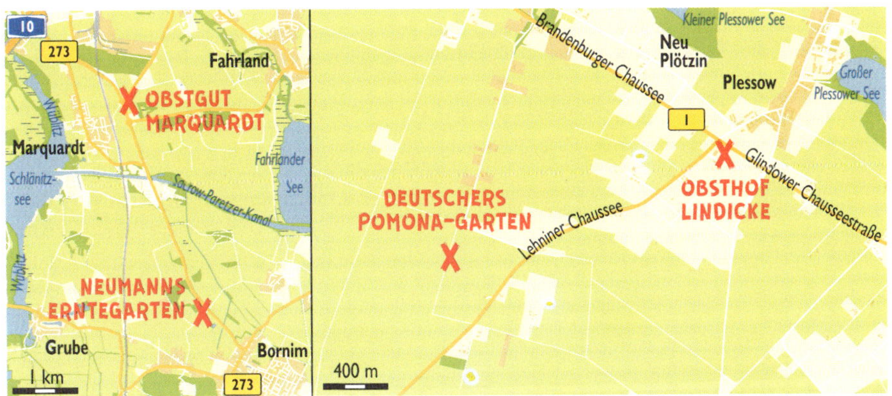

IM REVIER DES WEIßEN HIRSCHEN

... durch den Potsdamer Wildpark

Forsthäuser wie mittelalterliche Burgen, ein labyrinthischer Wald und legendäre weiße Hirsche: Der Potsdamer Wildpark war das exklusive Jagdgebiet der Hohenzollern und ihrer Gäste. Eine Wanderung folgt ihren Spuren – inklusive Alpenflair am Bayerischen Haus.

#Zinnen&Türme #Alleen #TemplinerSee #Hirschjagd

Die Hirsche des Jagdgebietes wurden mehrfach in Bronze verewigt.

Wenn die preußischen Könige und Kaiser auf die Jagd gehen wollten, hatten sie es nicht weit: Das Sanssouci-Tor, der Haupteingang ihres Wildparks, liegt nur wenige hundert Meter vom Neuen Palais entfernt. Mitte des 19. Jahrhunderts schufen Gartenbaumeister Peter Joseph Lenné und Hofarchitekt Ludwig Persius dieses exklusive Jagdrevier mit vier burgähnlichen Forsthäusern, einem Mischwald und einem Netz aus Alleen.

Die Wanderung startet an zwei Hirschfiguren, die das Tor am Forsthaus bewachen. Sie sind erst vor wenigen Jahren wieder an ihren Standort zurückgekehrt; die Sowjetarmee hatte sie als Beutekunst mitgehen lassen. Es geht nach links in den Hegemeisterweg, vorbei an Abzweigen zur Birken- und Akazienallee – zwei von acht Alleen, die im Großen Stern zusammenlaufen. Früher befand sich dort ein reetgedeckter Futterschirm, heute ist hier ein überdachter Rastplatz.

Nach anderthalb Kilometern erreicht man die Wildmeisterei, das größte der vier Forsthäuser. In seinem Keller lagerte man einst das erlegte Wild. Legendär waren die weißen Hirsche. Den ersten schoss Wildpark-Begründer

»Still und starr liegt der See«: Winteridyll am Templiner See. Dazu passt auch die Atmosphäre am Bayerischen Haus – einst ein Geschenk zur Bekämpfung des Heimwehs.

Friedrich Wilhelm IV. persönlich. Links neben dem Gebäude marschiert man hinauf zum Gipfel des Kellerbergs mit Blick zum Neuen Palais und dem Belvedere auf dem Klausberg.

Dann geht es einen guten Kilometer geradeaus durch den Wald, über die Zeppelinstraße und die Bahngleise am Bahnhof Pirschheide hinweg, ans Ufer des Templiner Sees. Die Weite des Sees und das gleißende Licht an einem sonnigen Tag bilden einen tollen Kontrast zum Wald. Die Route führt nach rechts über das Gelände der Potsdamer Rudergesellschaft, unter der Bahnlinie hindurch und auf einem breiten geteerten Weg weiter am See entlang.

»Spaziergänger willkommen«, heißt es auf dem Campingpark Sanssouci. Über die Bahngleise und nach rechts. Hinter einem

Feld links auf einen Pfad abbiegen, der dem Waldrand folgt. Am Gasthaus Alte Försterei überquert man erneut die Zeppelinstraße und wandert auf den Schäferberg zum Bayerischen Haus. Mit seinen Holzbohlen, geschnitztem Balkon und Hirschgeweih könnte es auch in den Alpen stehen – es sollte Königin Elisabeth von Preußen die Sehnsucht nach ihrer Heimat vertreiben.

Nun rechts an der Anlage (geplant ist eine Klinik) vorbei, dann talabwärts und über den Großen Hirschweg hinweg. Kurz hinter einer Reihe beeindruckender alter Eichen wieder nach rechts, entlang des Zauns der Bundeswehrkaserne. Anschließend folgt man der Bahnlinie, die den Wildpark durchschneidet, bis zur Unterführung. Über den Kuhfortdamm und den Werdersteig gelangt man zurück zum Haupteingang – vorbei am Forsthaus Nordtor, vor dem früher auch zwei Bronzehirsche standen.

FAZIT: TROTZ DER NÄHE ZU POTSDAM ERLEBT MAN DAS GARTENBAUDENKMAL OFT MENSCHENLEER.

Hin & weg: Mit RE 1 oder RB 21 ab Berlin oder Potsdam Hauptbahnhof bis Bahnhof Sanssouci. Alternativ Bus 605 ab Potsdam Hauptbahnhof. Parkplätze am Forsthaus Sanssouci-Tor und in der Straße Am Wildpark.

Beste Zeit: Zu jeder Jahreszeit. Bademöglichkeit im Sommer, aber schön sind auch knackige Wintertage.

Dauer & Strecke: 3–5 Std., 14 km.

Ausrüstung: Feste Schuhe, Verpflegung.

RUND UM SIEBEN SEEN

... zwischen Brandenburg und Kirchmöser

#39

Das ganze Havelland in einer Radtour: ein altes Schloss mit verwunschenem Park, ein Fischerdorf und einsame Waldwege, Streetart und historische Industriearchitektur. Der Sieben-Seen-Radweg ist an Abwechslungsreichtum kaum zu übertreffen – und im Winter besonders einsam.

#Seenland #Graffiti #maroderCharme #vonSeezuSee

Der letzte Abschnitt führt durch die Wälder am Breitlingsee.

Die Route beginnt quirlig und verkehrsreich: Vom Neustädtischen Markt geht es Richtung Dominsel, vor dem Mühlentorturm links und entlang der Havel bis über die Jahrtausendbrücke. Durch den Humboldthain vorbei am Plauer Torturm, am Nicolaiplatz rechts und schließlich über den Silokanal, an dessen Nordufer es endlich ruhiger wird.

Zwei Brücken weiter biegt man rechts zum straßenbegleitenden Radweg an der Plauer Landstraße ab – und stößt auf Kunst der Superlative: eine 600 Meter lange Streetart-Galerie mit einer bunten Mischung von Cartoons bis zu Monstern. Ein Kulturverein betreut das Projekt, bei dem politische Botschaften oder Werbung verboten sind.

Kurz vor der Havel fährt man links über eine 100 Jahre alte Brücke nach Plaue. Es lohnt ein Abstecher in den Fischerkietz mit kleinen Häusern, Räuchereien und Angelläden. Links von der Brücke wartet schon Schloss Plaue mit seinem maroden Charme und der Schlossschänke, in die man einkehren kann (im Sommer auf der Terrasse am Wasser).

Im verwunschenen Schlosspark radelt man vorbei am Teich. Es folgt eine Landzunge, die einst als DDR-Zollanleger diente. Heute gibt es

Kontrastreiche Runde: Engelsfigur im Friedhof Plaue, Streetart-Galerie und Wasserturm in Kirchmöser.

hier einen Picknickplatz. Zwei Tierskulpturen, ein Bär und ein Markhor (eine Schraubenziege), bewachen den historischen Tontaubenschießstand mit Seeblick. Unbedingt einen Blick auf die Pforte des angrenzenden Friedhofs mit zwei segnenden Engelsfiguren werfen!

Gleich hinter dem Park führt die Seegartenbrücke über die Verbindung zwischen Plauer und Wendsee und in eine andere Welt. Der Nachbarort Kirchmöser verwandelte sich Anfang des 20. Jahrhunderts vom Fischerdorf in einen Industrie- und Rüstungsstandort. Ein meterhoher Obelisk überragt den Platz am Nordeingang des riesigen Areals.

Weiter über die Straße unter den Platanen, vorbei an dem Lost Place der einstigen Verwaltung und dem 65 Meter hohen Wasserturm, dem Wahrzeichen Kirchmösers. Die Mischung aus historischer Industriearchitektur, überwachsenen Ruinen und modernen Werkshallen macht diesen Abschnitt besonders spannend.

Über die Uferstraße am Heiligen See geht es weiter. Am Möserschen See der nächste Szenenwechsel: Der Radweg taucht in die Feuchtgebiete und Kiefernwälder am Seeufer ein – im Winter mit weiten Blicken übers Wasser, im Sommer mit üppiger Vegetation. Der perfekte Rastplatz unterwegs ist das traditionsreiche Gasthaus Malge – im Sommer mit Biergarten, Restaurant und langem Sandstrand im Wald (www.malge.com). Kurz vor der Gaststätte Buhnenhaus nimmt man den Schmöllner Weg und fährt über die Ziesarer Landstraße zurück in die Stadt – im letzten Abschnitt erneut an der Havel entlang.

FAZIT: DIE WOHL BUNTESTE RADTOUR IM HAVELLAND MIT ARCHITEKTUR, HISTORIE UND NATUR.

Hin & weg: Mit RE 1 aus Richtung Magdeburg oder Berlin.

Beste Zeit: Ganzjährig. Im Winter ist es besonders einsam, im Sommer locken Badestopps.

Dauer & Strecke: Je nach Abstechern und Einkehr 4–6 Std. für rund 34 km.

Ausrüstung: Genügend Getränke, im Sommer Mücken- und Sonnenschutz.

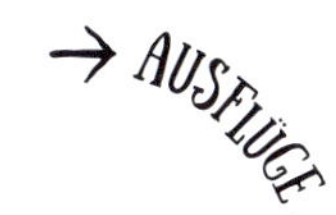

ZWISCHEN SCHLOSS UND SCHLUCHT

#40

Bergauf – bergab: Zerklüftete Kessel, teilweise so steil wie Calderas, lassen in der Landschaft zwischen Petzow und Glindow echte Alpengefühle aufkommen. Vor der Tour unbedingt noch das entzückende Ensemble zwischen Schloss Petzow und Schinkelkirche bewundern!

#Berg&Tal #Schluchten #Wintermärchen #Tongruben

Am Startpunkt der Wanderung an der Kreuzung Fercher Straße und Zum Lindentor schimmern drei Seen zwischen den Bäumen hindurch: der Glindower See, der Schwielowsee und der Petzower Haussee. Und natürlich Schloss Petzow, das über dem Wasser thront. Zuerst geht es rechts um den kleinen Haussee durch den von Peter Joseph Lenné entworfenen Park mit vielen historischen Details: Fischerhütte und Waschhaus, Obelisk und Erbbegräbnis.

Hin & weg: Von Berlin/Potsdam mit RE 1 nach Werder, weiter mit Bus 607 nach Petzow. Parkplatz an der Ecke Fercher Str./Zum Lindentor.

Beste Zeit: Zu jeder Jahreszeit, aber im Schnee machen die Schluchten besonders viel Spaß.

Dauer & Strecke: Mit Picknick oder Einkehr ca. 3–4 Std. für knapp 9 km und 70 Höhenmeter. In den Alpen teils steile Treppen!

Ausrüstung: Feste Wanderschuhe mit Profil.

An der Nordseite des Schlosses durchquert man die alte Gutsanlage und eine Allee (samt historischem Spritzenhaus) und läuft hinauf zur Schinkelkirche mit weitem Blick über die Seenlandschaft. Sogar Theodor Fontane kam hier ins Schwärmen: »Das Ganze ein Landschaftsbild im großen Stil; nicht von relativer Schönheit, sondern absolut«, schrieb er in seinen »Wanderungen durch die Mark Brandenburg«.

Nun rufen die Alpen! Über die Straße Zum Inselparadies geht es links in die Straße Am Rüsterhorn und am Ortsrand links weiter. An einem hölzernen Hochsitz taucht man rechts

Die zerklüftete Landschaft ist ein Resultat der Ziegelproduktion. Neben dem Ziegeleimuseum (rechts) ist der letzte Betrieb immer noch aktiv.

in die Schluchtenlandschaft ein – aufgrund der chaotischen Wegeführung am besten mit Hilfe einer Wander-App. Es folgt eine wilde Berg- und Taltour über Serpentinen, steile Auf- und Abstiege und hölzerne Treppen.

Die zerklüftete Landschaft mit ihren senkrechten Abstürzen, kleinen Seen und einem Urwald, in dem jeder tote Baum sich selbst überlassen bleibt, ist ein Ergebnis der Tongewinnung. Schon seit dem Mittelalter baute man dort Lehm und Ton ab, später entstanden rund 50 Ziegeleien. Es gibt nach wie vor Reste der Gleise, über die Pferde einst Loren zogen. Schließlich ist der Waldrand an einem Belvedere erreicht: ein Aussichtspavillon mit Blick über Glindow und die Seen bis zu den Weinbergen in Werder. Dann läuft man über Stufen zum Ort hinunter und passiert den Kleingartenverein am Alpenrand. Links abbiegen in die Straße an der Ziegelei Richtung Glindower See, vorbei am Ziegeleimuseum mit seinem markanten Turm. Immer am Wasser entlang geht es zurück nach Petzow.

FAZIT: WILDER UND STEILER WIRD'S NICHT IM HAVELLAND, WENN NICHT SOGAR IN GANZ BRANDENBURG.

3. KAPITEL – MINIURLAUB

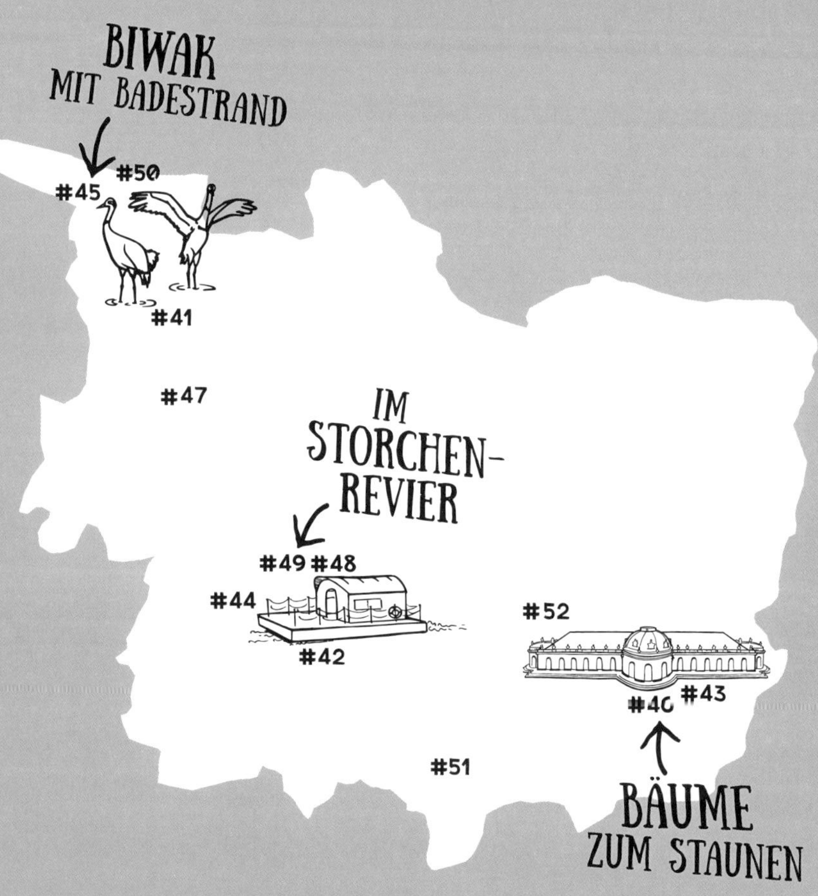

Ferien für ein Wochenende

36H

Eine Nacht in einer Kirche, ein Wochenende auf einem Hausfloß oder unter Millionen Sternen – so ausgefallen übernachtet man im Havelland.

IM REVIER DER ZUGVÖGEL

… in der Unteren Havelniederung 

#41

Singschwäne und nordische Gänse, Milane, Seeadler, Kiebitze und Rohrdommeln: Zwischen Havel und Gülper See liegt eines der bedeutendsten Vogelreviere Mitteleuropas. Im Frühjahr und Herbst ist das Naturschauspiel am eindrücklichsten – zu erleben auf einer Rundtour mit Fahrrad und Fernglas.

#Birding #Trauerseeschwalben #Dorfidylle #Fuchs&Hase #Turmhopping

Zwischen Parey und Gülpe sind im Winter weite Flächen überschwemmt – ideal für Zugvögel.

Die Wiesen in der Großen Grabenniederung sind übertlutet, am Himmel ziehen Vogelschwärme dahin und die ersten Frösche lassen ihr Konzert erklingen: Jedes Frühjahr beginnt das Kommen und Gehen der Zug- und Brutvögel von Neuem. Unter Birding-Fans gilt die Region zwischen Parey, Gülpe und Prietzen als ein Hotspot der Artenvielfalt.

Wanderwege gibt es kaum, darum bricht man am besten mit dem Rad zu einer Runde entlang mehrerer Beobachtungstürme auf. Gegenüber der Kirche von Hohennauen geht es in die Pareyer Straße und sofort taucht man in die weite, einsame Auenlandschaft ein. Nach vier Kilometern ist der erste Turm mit Blick über die überfluteten Havelauen erreicht,

Das Dorf Parey geht auf eine slawische Siedlung zurück. Der Name bedeutet »Am Fluss«.

wo sich meist zahlreiche Vögel tummeln. Kurz vor Parey kann man die Runde um einen Schlenker in Havelnähe erweitern – aber nicht vergessen, auch das Bilderbuchdorf mit seiner Backsteinkirche anzusehen! Im März besetzen Störche hier mehrere Horste. Über einen Betonplattenweg fährt man an Kopfweiden entlang zum nächsten Ausguck rund zwei Kilometer hinter Parey, von dem man im Winter auf die häufig komplett überflutete Große Grabenniederung schaut.

Weiter Richtung Gülper See. Wer auch beim Radfahren immer die Kamera griffbereit hält, dem gelingen mit etwas Glück Fotos von Feldhasen, Füchsen oder Nutrias. Im malerischen Gülpe lohnt ein kurzer Spaziergang ans Havelufer mit einem Wald aus Kopfweiden. Hinter dem Dorf links abbiegen Richtung Prietzen, dann schimmert bald die Fläche des Gülper Sees in der Sonne.

Die Vogeldichte ist hier am höchsten: Wildgänse, Enten, Silberreiher und abends der Einflug der Kraniche. Mehrere Beobachtungstürme ermöglichen Blicke – ein Fernglas oder Spektiv ist dabei unverzichtbar. Es geht vorbei an Prietzen (mit Bockwindmühle kurz vor dem Ort) und über Wolsier und Spaatz zurück nach Hohennauen.

Birding-Fans erwarten auf dieser Tour in fast jedem Monat andere Highlights. Bis in den Februar hört man die Rufe der Singschwäne, im Februar und März fliegen nordische Wildgänse zu Rast oder Brut ein, ebenso Kraniche, Weiß- und Schwarzstörche. Im April folgen viele Wat- und Zugvögel wie der Rohrsänger oder der Ortolan. Im Juli wird es ruhiger in der Vogelwelt. Es ist die Ruhe vor dem

Zehntausende nordische Wildgänse machen jedes Jahr Rast in der Unteren Havelniederung.

Sturm, denn ab Mitte September tummeln sich rund um den Gülper See Zehntausende nordische Gänse. Der abendliche Einflug der Kraniche ist ein atemberaubendes Naturschauspiel, das man am besten erlebt, wenn man in der Region übernachtet. In Strodehne, rund 13 Kilometer von der Radroute entfernt, gibt es in der Botanischen Botschaft nicht nur Ferienwohnungen, sondern auch kundige Gastgeber: Michael Ilg führt Touren zu Fuß, per Rad und per Paddel oder auf einem vom Fischer gesteuerten Kahn.

FAZIT: AUTHENTISCHER KANN MAN DAS FRÜHLINGSERWACHEN IN DER VOGELWELT KAUM ERLEBEN!

Hin & weg: Mit RE 4 (Jüterbog-Berlin-Rathenow) nach Rathenow. Der Startpunkt Hohennauen ist 9 km über einen straßenbegleitenden Radweg entfernt.

Beste Zeit: Zur Rast der Zugvögel im Frühjahr oder Herbst, zur Brutzeit im Frühsommer oder während der Singschwan-Saison im Winter.

Dauer & Strecke: Ein langes Wochenende mit Radtour (33 km) und am besten einer geführten Tour zur Flora und Fauna.

Ausrüstung: Fahrrad, warme Kleidung nach dem Zwiebelprinzip, gutes Fernglas, Kamera mit Teleobjektiv, Verpflegung und etwas Warmes zu trinken.

Wenn es Nacht wird: In der Botanischen Botschaft (http://havel-natur-erleben.de) kann man zwischen zwei Ferienwohnungen für zwei oder vier bis fünf Personen wählen, mit einer großen Wohn- und Gemeinschaftsküche für alle Gäste. Weitere Unterkünfte unter www.strodehne.de

---

WILDNIS IN DER CITY

... von Brandenburg an der Havel

#42

Seerosenteppiche, Nistplätze von Vögeln und sogar ein paar Biber: An einem Paddelwochenende in Brandenburg an der Havel fühlt man sich teilweise wie im Dschungel. Besonders verwunschen wird es in kleinen Kanälen oder Seitenarmen des Flusses und im umliegenden Seenland.

#Stadtpaddeln #Biberrevier #VenedigderMark #Dominsel

Der Dom St. Peter und Paul ist beim Stadtpaddeln immer präsent.

Am Mühlendamm im Herzen Brandenburgs an der Havel stehen Fischerhäuser auf Holzstelzen neben historischen Backsteinmühlen und Fabrikantenvillen neben Wochenendhäuschen, dahinter ragt der Turm des Doms auf. Und direkt davor brüten Enten in einem Blütenmeer. Brandenburg hat sich von einer Industriemetropole ins Venedig der Mark verwandelt, mit Seen, Kanälen, Flutgräben und natürlich der Havel samt ihren Verzweigungen. Wer kein eigenes Wasserfahrzeug mitbringt, kann im Mietkanu zu einer Rundtour aufbrechen.

Zuerst geht es durch den Stadtkanal und vorbei am Archäologischen Landesmuseum im St.-Pauli-Kloster bis zur Stadtschleuse, die von einem Schleusenmeister bedient wird. Dann ist die Niederhavel erreicht. Lust auf einen Snack? Hier befindet sich ein ungewöhnlicher Drive-In: ein Supermarkt mit Bootsanleger.

Danach lohnt ein Abstecher in den verwunschenen Jakobsgraben mit seinen zugewachsenen Ufern, brüchigen Mauern und dümpeln-

den Booten. Vor Ort versteckt sich auch die Jakobskapelle, deren Spitzname Verrückte Kapelle wörtlich zu verstehen ist: Der historische Bau wurde vor 130 Jahren für eine neue Straße um elf Meter verschoben.

Zurück auf der Havel, kommt bald die Jahrtausendbrücke in Sicht. Dort treffen sich die Brandenburger zum Chillen am Ufer. Doch wo hat man den besten Überblick über das wuselige Treiben von Jachten, Hausbooten und Paddlern? Entweder von der Cafébar im Brückenhäuschen oder gegenüber auf der Terrasse des Restaurants Werft in einer einstigen Schiffbauhalle!

Ein weiterer Abstecher führt in den Domstreng, der an der ehemaligen Burgmühle endet. Zu Fuß ist man von da aus ganz schnell am Dom. An den Ufern erstrecken sich idyllische Kleingärten. Zurück durch die Näthewinde zum Mühlendamm. Jetzt ist Muskelkraft gefragt, denn das Kanu muss mithilfe

---

Hin & weg: Mit RE 1 aus Richtung Magdeburg oder Berlin.

Beste Zeit: Im Sommer, wenn man sich zwischendurch mit einem Bad erfrischen kann.

Dauer & Strecke: Ein Wochenende mit Paddelausflügen. Je nach Zwischenstopps braucht man 3–5 Std für die Stadtrunde über rund 7 km. Brandenburgs Amazonas erlebt man bei einem Abstecher in die Niederhavel, die nach 6,6 km in den Breitlingsee mündet. Die Touristinfo organisiert auf Anfrage eine geführte Kanutour (www.erlebnis-brandenburg.de).

Ausrüstung: Sonnen- und Mückenschutz, Badesachen für einen spontanen Sprung ins Wasser. Kanus vermietet Wassersport Geisler am Mühlendamm (www.wassersport-geisler.de).

Wenn es Nacht wird: Ferienwohnungen von Havelblau in schicker Industriearchitektur (www.havelblau.de).

Nahe der Jahrtausendbrücke ankern historische Schiffe – dort steht auch die Skulptur »Undine«.

eines Bootswagens auf Schienen über den Damm zurück zum Startpunkt am Stadtkanal (Schlüssel gegen Pfand in der Gaststätte an der Dominsel). Es geht jedoch schneller, wenn man es zu zweit über die Straße trägt – wo sonst bringt man den Autoverkehr schon einmal mit einem Kanu zum Erliegen?

Dem Wasserelement kann man auch nachts treu bleiben: Die Ferienlofts Havelblau in einer einstigen Kammgarnspinnerei haben einen eigenen Bootsanleger. Der Abend klingt im kleinen Kräutergarten über der Havel aus. Muskelkater? Der verschwindet am besten mit einer neuen Paddeltour am nächsten Tag. Im Norden grenzt die Kette des Beetzsees mit dem beliebten Strandbad Massowburg an die Stadt. Oder darf es noch mehr Wildnis sein? Die Fahrrinne in den Breitlingsee wird auch gern als Amazonas Brandenburgs bezeichnet.

FAZIT: MEHR WASSER UND WILDNIS INNERHALB EINES STADTGEBIETS GEHT NICHT – IDEAL FÜR EIN PADDELWOCHENENDE.

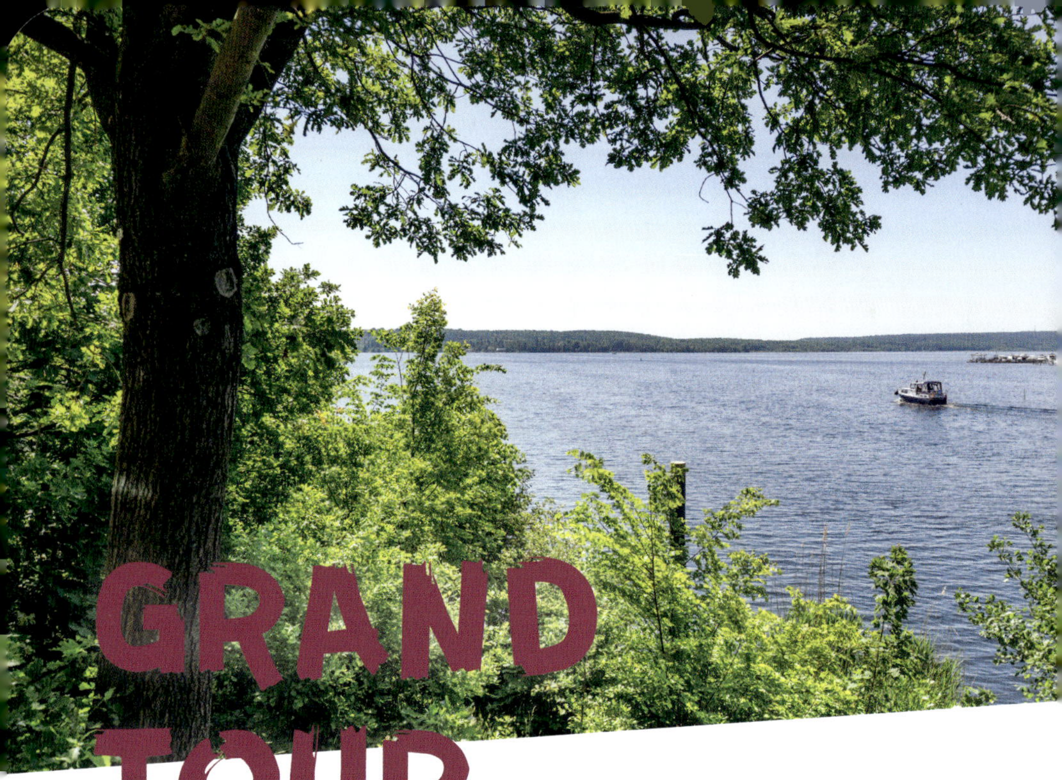

GRAND TOUR

… rund um Potsdam

43

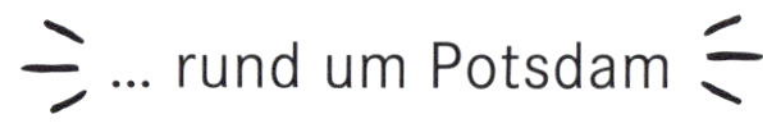

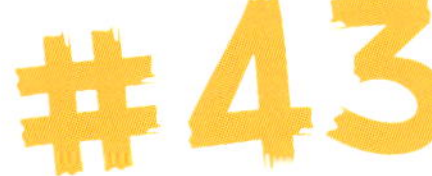

Templiner See, Petzinsee, Schwielowsee … mehr als acht Gewässer säumen die Strecke dieser Radrunde. Das Potsdamer Stadtzentrum liegt nie mehr als sieben Kilometer entfernt und doch geht es meist durch malerische Natur und historische Orte – inklusive Gutsgarten der Hohenzollern.

#Persiusturm #Seenhopping #Lindenallee #Badetour

Die Radtour klingt in den Alleen des Bornstedter Feldes aus.

Nach dem Start vor dem Potsdamer Filmmuseum geht es rund 700 Meter über die Breite Straße, an der Neustädtischen Havelbucht links und hinter dem einstigen Dampfmaschinenhaus durch die Straße Auf dem Kiwitt sowie über den Schafgraben. Auf dem Uferweg entlang des Templiner Sees ist fast nur noch Grün angesagt, hin und wieder lädt zudem eine Strandbar zum Verweilen ein.

Nach zweimaligem Passieren der Bahnlinie hält man sich links, folgt dem kleinen Petzinsee (Badestelle kurz hinter dem Bahnübergang) und biegt links in die Caputher Chaussee ab. Kurz vor dem Wentorfgraben rechts weiter über die Straße Baumgartenbrück, benannt nach der Brücke an ihrem Ende und dem Gasthaus mit Biergarten am Seeufer, das schon seit Mitte des 18. Jahrhunderts existiert (www.baumgartenbrueck.de).

Eine breite Fahrradstraße führt durch den Wald in den Ortskern von Geltow. Der kleine Umweg über die Straße Am Grashorn wird gesäumt von Villen und Gärten und einer versteckten Wiese mit Badestelle. Fans alten Handwerks stoppen hinter der Kirche an der historischen Handweberei. Rund anderthalb Kilometer hinter Geltow links halten bis zum Ort Wildpark West, eine Siedlung aus Villen

und Holzhäusern, die in den 1930er-Jahren komplett durch zwei Potsdamer Architekten geplant wurde. Zu DDR-Zeiten kamen Ferienanlagen und Villen der Parteielite hinzu. Von hier aus genießt man einen Postkartenblick zur gegenüberliegenden Altstadtinsel Werder. Nach dem Unterqueren der Bahngleise den Galliner Damm entlangradeln bis zum Schloss Golm (mit Badestelle am Zernsee im Park des Gutshotels).

Unbedingt sehenswert ist der Dorfkern von Golm, wo sich zwei Kirchen aus verschiedenen Epochen gegenüberstehen. Rechts neben der neuen Kirche führt ein steiler Weg zu einer Aussichtsterrasse auf dem Reiherberg.

Nun folgt der urwüchsigste Abschnitt durch die Auen des Großen Zernsees und der Wublitz. Die Fußgängerbrücke über diesen naturbelassenen Nebenarm der Havel ist ideal zur Vogelbeobachtung. Kurz darauf stößt man auf den Weiler Nattwerder, den Schweizer Kolonisten im 17. Jahrhundert gründeten. Ein Schild weist noch in Richtung Bern.

Nach einem Abstecher zur Landspitze am Übergang zwischen Schlänitzsee und Sacrow-Paretzer Kanal geht es ein Stück am Wasser entlang sowie über Königsdamm und Marquardter Chaussee zum Bornstedter Feld. Bald ist der Persiusturm erreicht, letztes Relikt des Gutshofs der Hohenzollern, der hier Mitte des 19. Jahrhunderts entstand. Die umliegenden Alleen und Obstgärten wurden nach der Wende wieder rekonstruiert – so radelt man heute durch eine prächtige Lindenallee und eine Maulbeerallee weiter nach Potsdam, quer durch den Volkspark (mit kostenfreier Durchfahrtkarte) ins Zentrum.

Ein Gartenidyll am Fuße der Brücke über die Wublitz (links). In Geltow wird noch per Hand gewebt (rechts).

Hin & weg: Mit RE oder S-Bahn nach Potsdam Hauptbahnhof, dann über die Lange Brücke.

Beste Zeit: Mai–Oktober.

Dauer & Strecke: In Kombination mit weiteren Radtouren ein ganzes Wochenende. Fahrtzeit je nach Zwischenstopps 4–6 Std., Rundtour knapp 42 km inkl. Abstecher nach Golm.

Ausrüstung: Badesachen, Sonnen- und Mückenschutz, Fernglas zur Vogelbeobachtung, Picknick.

Wenn es Nacht wird: Wildpark West ist ein idealer Stützpunkt für Radtouren und Wanderungen. Hier kann man gemütliche Ferienhäuschen im schwedischen Holzhausstil buchen (www.ferienhaus-havel.de oder www.potsdamer-ferienhaus.de) und weitere Touren unternehmen, z. B. durch den angrenzenden Wildpark, über die Brücke in Grube zur Altstadtinsel Werder oder über die Wublitzbrücke zur Insel Töplitz.

FAZIT: EIN SPANNENDER WECHSEL ZWISCHEN AUEN- UND KULTURLANDSCHAFT SAMT ABGELEGENER BADESTELLEN.

EINE NACHT BEIM HERRN

… im Havelprater in Briest

Welche Unterkunft ist 130 Quadratmeter groß und hat eine Deckenhöhe von zehn Metern? Eine Künstlerin hat die einstige Dorfkirche von Briest in ein Hostel und Coworking Space verwandelt. Gäste haben die komplette Kirche samt Küche und Garten für sich – und eine Badestelle vor der Tür.

#Havelblick #wirtrafenunsineinemGarten #Gotteshaus #autark

Eine Schwanenfamilie hat die Badestelle vor der Dorfkirche mit Beschlag belegt.

Eigentlich war Juliane Beer nur auf der Suche nach einer Filmlocation, doch dann bot man ihr im Dörfchen Briest die Kirche zum Kauf an – ein entwidmetes Gotteshaus von 1870 mit Backsteinfassade und kleinem Turm samt Wetterhahn. Seitdem ist das Bauwerk ein »Projekt im Werden«: Man kann hier eine Auszeit nehmen, Urlaub mit der Familie machen oder sich zum ruhigen Arbeiten einmieten. Viele Gäste legen auch nur auf der Durchreise einen eintägigen Zwischenstopp ein, zum Beispiel bei der Fahrt auf dem Havelradweg oder dem Radfernweg Tour Brandenburg. Und manchmal sind sogar echte Pilger darunter.

»Richtet Euch auf wirklich sehr rustikales Camping ein«, schreibt Juliane ihren Gästen vor der Anreise. »Nehmt genug zu essen und zu trinken mit und Euren wärmsten Schlafsack. Es gibt kein Bad, das Sägespäne-Klo ist hinten im Schuppen.« Abschreckend? Nein, denn der Havelprater erweist sich als perfekter Ort zum Runterkommen.

Der Clou ist das einfache Doppelbett im Altarraum der sonst fast leeren Kirche. Es gibt nur ein paar Tische und Schränke, Kunstwerke und das eine oder andere skurrile Accessoire. Auch an heißen Sommertagen bleibt es immer angenehm kühl, im Frühjahr und Herbst kann es dagegen fröstelig werden. Und es herrscht eine faszinierende Stille.

Die bunt zusammengewürfelte Küche enthält alles, was man braucht, sogar eine tolle Kaffeemaschine. Wer will schon ins Restaurant gehen, wenn man in einer Kirche kochen und im Garten unter alten Linden und Eichen den Holztisch decken kann? Und im Notfall gibt es ja noch den Fischer zwei Häuser weiter ...

Hin & weg: Mit RE 1 (Magdeburg-Berlin-Frankfurt/Oder) bis Brandenburg an der Havel, dann weiter mit Bus 571 Richtung Havelsee bis Briest Dorf. Briest liegt am Havelradweg und am Radfernweg Tour Brandenburg. Parkplätze befinden sich direkt vor der Kirche.

Beste Zeit: Im Sommer – die Kirche ist nicht beheizbar.

Dauer: 2–3 Tage.

Ausrüstung: Bettdecke, Kopfkissen und Laken oder Schlafsack, Verpflegung, Badesachen, Mückenschutz, Taschenlampe, Kerzen.

Wenn es Nacht wird: Der Havelprater ist über AirBnb zu mieten (www.airbnb.de), alle Infos über Ausstattung und das »Projekt im Werden« unter www.havelprater.com

---

Stille draußen, Stille drinnen: Briest hat sich seinen beschaulichen Dorfcharakter bewahrt. Das Bett des Havelpraters steht im einstigen Altarraum.

Auch an das Trockenklo gewöhnt man sich schnell, außerdem soll bald ein Badehaus im Garten fertig werden.

Gleich auf der anderen Straßenseite liegt eine Badestelle mit Sandstrand an der Havel. Man hat sie oft für sich alleine - abgesehen von der Schwanenfamilie, die sich nur ungern ihr Revier streitig machen lässt. Wer mehr Action braucht, kann mit einem Fahrrad aus dem Schuppen die Gegend erkunden, zum Beispiel den Schlosspark Plaue, oder die Straußenfarm Kützkow besuchen.

FAZIT: KEIN LÄRM, KAUM MENSCHEN, KEIN INTERNET – DER PERFEKTE RÜCKZUGSORT FÜR EINE AUSZEIT.

INS HERZ DER NATUR

... auf der Gülper Havel

#45

Die Untere Havelniederung ist Schauplatz eines gigantischen Renaturierungsprojektes – und mitten in diesem Feuchtgebiet liegt die motorbootfreie Gülper Havel. Wer hier mit dem Kanu zwei Tage umherpaddelt, erlebt pure Wildnis, verschlafene Dörfer und eine großartige Tierwelt.

#Kranichrevier #NABU #Biwak #Paddelglück #1000Sterne

Wolfgang Schröder ist Fischer in fünfter Generation.

Die Stimmung auf der Gülper Havel ist überwältigend! Das Zwitschern der Schwalben, der Schrei eines Greifvogels, der Wind im meterhohen Schilf, das Surren der Libellen und gelegentlich ein lautes Platschen, wenn ein Fisch kurz aus dem Wasser schnellt. Die Region mit ihren Seen, Feuchtwiesen, Wassergräben und Inseln soll wieder weitgehend in den Urzustand zurückversetzt werden. Unter Federführung des NABU entstehen neue Überflutungsgebiete und Auenwälder, werden Altarme wieder mit der Havel verbunden und steinerne Uferbefestigungen beseitigt.

Beim Paddeln zwischen Strodehne und Molkenberg verlaufen die Haupthavel und die

stille Gülper Havel über knapp zehn Kilometer parallel, die perfekte Strecke für eine Rundtour. Unterwegs sind zwei Schleusen zu passieren, eine Strecke muss man gegen die (meist langsame) Strömung anrudern. Da die Gülper Havel schneller fließt, startet man am besten auf der Haupthavel.

Die Tour beginnt am Wasserwanderrastplatz von Strodehne. Nach rund 700 Metern flussabwärts geht es nach links gegen die sanfte Strömung. Nach weiteren zweieinhalb Kilometern lohnt ein Abstecher nach rechts in das Dörfchen Garz mit seiner achteckigen Fachwerkkirche und mehreren Vierseithöfen. Im kleinen Hafen kann man bequem anlegen. Anschließend fährt man durch die Garzer Schleuse (Wartezeit einplanen und Betriebszeiten beachten!).

Das Dorf Gülpe besteht nur aus wenigen Straßen, die sich rund um den Kirchplatz mit seinen sanierten Häuschen gruppieren. Auf der Gülper Havel trifft man nur wenige andere Paddler.

Es geht weiter flussaufwärts. Das Reizvolle an diesem Tourabschnitt sind zahlreiche Badestellen an kleinen Stränden. Außerdem erlebt man hier live die fortschreitenden Renaturierungsmaßnahmen, erkennbar an den sanierten Uferbereichen, wo sich vorher nur Steine befanden. Knapp acht Kilometer hinter Garz ist Molkenberg erreicht, wo die Gülper Havel abzweigt.

In der Marina kann man auf einer großen Wiese am Ufer zwischen zwei Sandstränden sein Zelt aufschlagen. Wer nicht selbst kocht, kehrt im Schiffsrestaurant ein - mit Blick auf die umherfliegenden Störche, die in mehreren Horsten ihre Jungen großziehen. Am nächsten Morgen beginnt der urwüchsigste Abschnitt quer durch das Schilfmeer der Gülper Havel; immer wieder sieht man seltene Vögel oder eine Nutria.

In Gülpe macht man einen Dorfspaziergang. Der Biwakplatz mit großer Wiese und Strand eignet sich perfekt für eine Rast und ein Bad. Kurz darauf ist die Gülper Schleuse in Selbstbedienung zu durchqueren. Die Kurbeln für die schweren Tore lassen sich nur mit Kraft bewegen. Falls die Schleuse defekt ist, muss umgetragen werden. Doch die Belohnung wartet schon in der Fischerei Schröder am Zufluss des Rhin, denn dort kann man im idyllischen Garten auf eine Fischbulette oder saure Bratbrasse einkehren!

FAZIT: EINE AUSZEIT VON DER ZIVILISATION, DIE AUCH FÜR PADDELANFÄNGER GUT ZU BEWÄLTIGEN IST.

Hin & weg: Am besten kommt man mit dem Auto, es gibt Parkplätze in Strodehne und in der Fischerei Schröder.

Beste Zeit: Sommer und Herbst. Aufgrund der Vogelbrutzeit darf die Gülper Havel erst ab dem 16. Juni (und nur bis Ende Februar) komplett befahren werden. Die kürzere Variante über die Pirre ist ab dem 1. Juni erlaubt. In den Ferien und an Sommerwochenenden kann es an den Biwakplätzen etwas voller werden.

Dauer & Strecke: Ein Paddelwochenende mit Abstechern in die Dörfer und Tierbeobachtung; knapp 20 km. Ambitionierte Paddler brechen bereits an der Alten Jäglitz oder Dosse auf - eine Abenteuertour mit mehrfachem Umtragen (Organisation durch www.sternencamp.de). Wer nur wenig Zeit hat, kürzt über die Pirre auf 11 km ab (nur bei mittlerem Wasserstand).

Ausrüstung: Camping-Equipment mit Zelt, Isomatte und Schlafsack, Verpflegung, Gaskocher, genügend Getränke, Sonnenschutz, Hut, Windjacke, Regensachen, Fernglas, geladenes Handy, Powerbank. Kanadier und Kajaks mit Schwimmwesten und wasserdichten Packsäcken verleiht das Sternencamp Rübehorst. Kanadier gibt es außerdem bei der Fischerei Schröder (www.fischerei-schroeder.eu).

Wenn es Nacht wird: Ideal liegt die Marina in Molkenberg auf halber Strecke (mit WC/Dusche und Gaststätte, Reservierung unter Tel. 036259 5630). Alternativ kann man auf dem Biwakplatz in Gülpe campen (maximal vier Zelte, nur eine Dixie-Toilette) oder im Hafen von Garz (mit WC/Duschen und Gaststätte).

BOTANISCHE WELTREISE

... im Park Sanssouci

#46

Paradies-, Rosen- und Marlygarten, Nordischer und Sizilianischer Garten: Der Park Sanssouci umfasst eine Vielzahl von historischen Grünanlagen, in denen man sich auf eine botanische Spurensuche begeben kann. Wo sonst in Brandenburg wachsen Kuchenbäume oder Sumpfzypressen?

#Gartentraum #Luftwurzeln #Judasbaum #füralleSinne

Laubengänge spenden an heißen Sommertagen Schatten.

Wo stehen die Japanischen Kuchenbäume? Zwei Exemplare gedeihen am Fuße der Terrassenanlage von Schloss Sanssouci – der erste Fund einer Runde durch den Park, die vor dem Schloss startet. Die fast 300 Hektar große Anlage blickt auf eine 250-jährige Geschichte zurück, während der mehrere Preußenkönige und Gartenbauer ihre Handschrift und zahlreiche exotische Gewächse hinterließen. Besonders ins Auge fallen einzelne Bäume: Manche sind einzigartig aufgrund ihrer Herkunft, andere durch ihre Blütenpracht im Frühjahr oder Laubfärbung im Herbst – und viele haben im Laufe der Zeit eine beachtliche Größe erreicht. Wer kein Botanikexperte ist, kommt am besten mit einer passenden App weiter, die Pflanzenarten bestimmt. Die Kuchenbäume sind so speziell, weil ihre abgefallenen Blätter nach Lebkuchen duften sollen.

Südlich der beiden Bäume schlendert man weiter in den Marlygarten, den einstigen Küchengarten Friedrich Wilhelms I. Hier stößt man gleich neben der Friedenskirche auf einen Platanenhain, der für die zwölf Apostel steht. Am Haupteingang wächst Mönchs-

Hin & weg: Von Potsdam Hauptbahnhof mit Bus 695 oder X15 bis Schloss Sanssouci.

Beste Zeit: Zur Blütezeit im Frühjahr oder zur Laubfärbung im Indian Summer.

Dauer & Strecke: Ein ganzes Wochenende mit botanischen Erkundungen. Die vorgeschlagene Runde durch den Park Sanssouci ist ohne Abstecher nur gut 6 km lang – mit Pflanzenbestimmung, Besichtigungen und Einkehr kann man hier jedoch einen halben bis ganzen Tag verbringen.

Ausrüstung: Sonnenschutz, eine App zur Pflanzenbestimmung, das Buch »Bäume in Potsdam« von Claas Fischer und Frank Gyßling, das 33 besondere Bäume in ganz Potsdam vorstellt.

Wenn es Nacht wird: Direkt am südlichen Eingang des Parks Sanssouci nahe dem Schloss Charlottenhof liegt die Villa Victoria aus der Gründerzeit mit drei gemütlichen Ferienwohnungen. Die Unterkünfte sind mit Küche, Essbereich und Waschmaschine auch für einen längeren Aufenthalt geeignet (www.villa-viktoria-potsdam.de).

pfeffer als Symbol für Enthaltsamkeit. Ein Trompetenbaum wuchert ungehemmt und neben der Gartendirektion steht ein Judasbaum, der im Frühjahr in Lila erblüht.

Es geht am Parkgraben entlang (Revier eines Graureihers), dann vorbei am Chinesischen Haus und der Meierei. Rund um die Römischen Bäder mit ihrem Italienflair erstreckt sich eine Wasserlandschaft mit schilfgesäumtem Teich, Insel und riesigen Sumpfzypressen – einst nur eine Notlösung, denn die vom König gewünschten Echten Zypressen waren nicht robust genug für den preußischen Winter. Der nächste Baumsolitär thront neben dem Rosengarten von Schloss Charlottenhof, wo eine fast 200 Jahre alte Hängebuche ein mächtiges Blätterdach gebildet hat. Anschließend spaziert man durch den Dichterhain und

Friedrich II. nahm wesentlichen Einfluss auf die Gestaltung des Parks. Die Römischen Bäder entstanden erst nach seiner Zeit.

das Hippodrom weiter Richtung des Neuen Palais. Am Wegesrand erstaunt eine weitere Sumpfzypresse, deren Luftwurzeln sich wie Fühler aus der Erde strecken.

Der Rückweg führt durch den Botanischen Garten mit dem integrierten Paradiesgarten und Stibadium – mit seiner Pflanzenvielfalt ein Universum für sich, in dem alleine man mehrere Stunden verbringen könnte. Spätestens dort schlägt sicher der Hunger zu, den man im benachbarten Restaurant im historischen Drachenhaus stillen kann (www.drachenhaus.de).

Der letzte Kilometer verläuft vorbei an der Orangerie, in der die empfindlichen Pflanzen überwintern, dann ist kurz hinter dem Nordischen Garten wieder Schloss Sanssouci erreicht. Doch die botanische Reise muss noch nicht enden: An einem Gartenwochenende entdeckt man weitere besondere Bäume im Neuen Garten und im Park Babelsberg. Auch der Staudengarten in der Gedenkstätte für Gärtner Karl Foerster lohnt einen Besuch.

FAZIT: DIE ÜBERRASCHENDE PFLANZENVIELFALT MACHT LUST AUF TASTEN, RIECHEN – UND MANCHMAL AUCH SCHMECKEN.

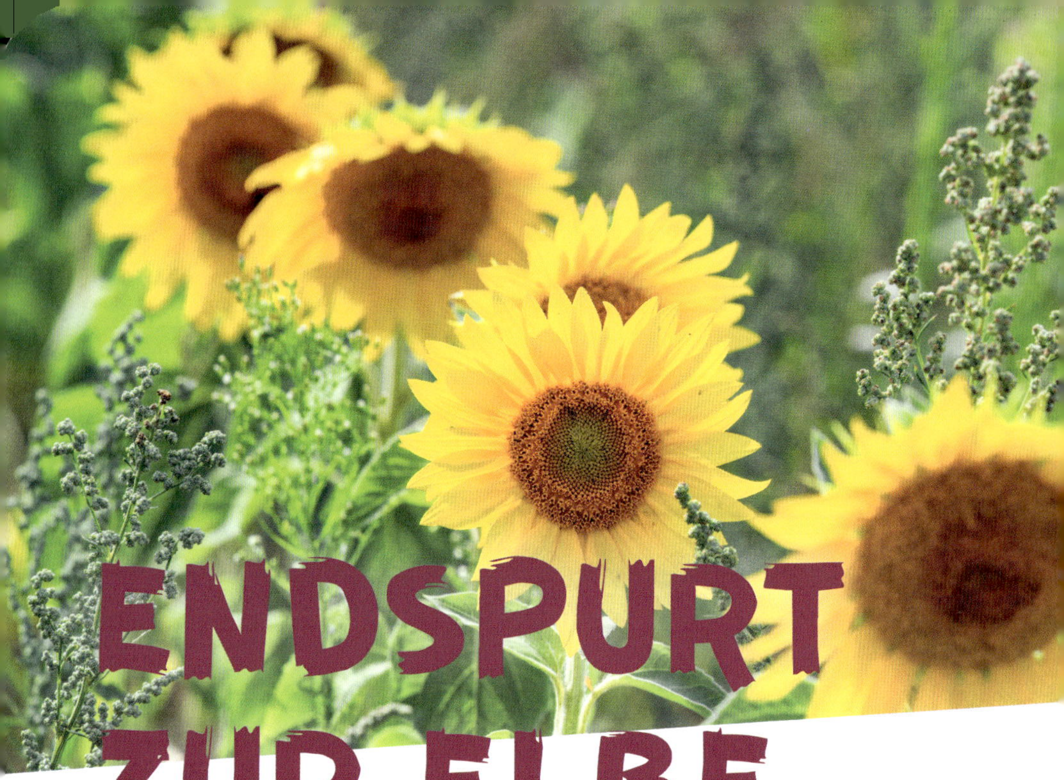

ENDSPURT ZUR ELBE

... auf dem Havelradweg

#47

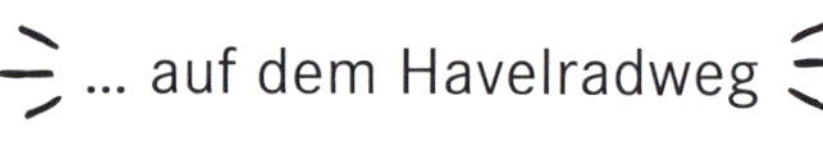

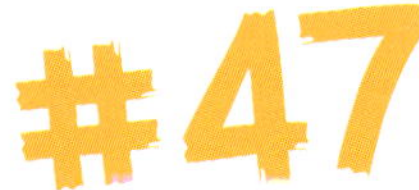

Er ist der Königsweg des Havellandes: Der Havelradweg begleitet den Fluss über 371 Kilometer. Der Abschnitt durch die Untere Havelniederung von Rathenow bis zur Mündung führt durch idyllische Auen, Storchendörfer und vorbei an mehreren Badestellen – perfekt für ein Wochenende im Sattel.

#Flussradweg #keineSteigung #Störche #Sandstrände

Nahe Havelberg führt der Radweg durch einen grünen Tunnel.

Vom Bahnhof in Rathenow geht es quer durch die Stadt, an einem Verkehrskreisel mit historischem Postmeilenstein rechts bis ins einen Kilometer entfernte Steckelsdorf, dann nach rechts Richtung Göttlin. Ab jetzt ist Durchatmen abseits größerer Straßen angesagt. Ein breiter asphaltierter Radweg führt durch Felder und Kiefern.

Wie sieht ein typisches Haveldorf aus? Ein breiter Dorfplatz mit Backstein- und Fachwerkkirche gehört dazu, ein Kriegerdenkmal und einstöckige Häuser – so auch in Göttlin. Nicht zu vergessen die Badestelle, in diesem Fall mit einem 50 Meter breiten Sandstrand, schattigen Bäumen und Biwakplatz. Ein beliebter Treffpunkt für Radler, Paddler und

Die achteckige Dorfkirche ist das Wahrzeichen von Garz (links). Für Radler stehen mehrere Biwakplätze bereit (rechts).

Angler. Anschließend radelt man weiter am Fluss entlang und passiert einen Vogelbeobachtungsturm.

Die nächste Badestelle samt Picknickplatz mit Grillstelle wartet in Grütz. Auf einem Turm nahe dem Dorfplatz nisten meist Störche, ein weiteres Charakteristikum der Haveldörfer. Rund einen Kilometer hinter dem Ort verläuft ein 800 Meter langer Abstecher nach rechts zu einem breiten Nadelwehr, inzwischen äußerst selten in Deutschland.

Über Neu-Schollene (mit einem weiteren Storchennest) und Schollene geht es, teilweise als straßenbegleitender Radweg, weiter nach Molkenberg. Storchenfans finden hier gleich drei aktive Horste, unter anderem auf der Kirche. Kurz vor dem Ort zweigt ein Weg zum Hafen ab, wo man auf dem Restaurantschiff einkehren oder am Sandstrand in die Havel springen kann.

Durch eine Auenlandschaft mit Wassergräben, Altarmen, Schilf und Feuchtwiesen fährt man über Plattenwege bis nach Garz, das mit seinem kleinen Hafen, der achteckigen Kirche aus dem 17. Jahrhundert und vielen Vierseithöfen ein weiteres Highlight darstellt. Ein Zwischenstopp in Kuhlhausen mit seiner Schinkelkirche, danach folgt die letzte Etappe des Tages bis Havelberg – leider etwas eintönig neben der Landstraße. Havelberg belohnt dafür mit seiner fantastischen Lage am Fluss, dem man auch nachts nahe sein kann: Die Balkone der mit moderner Kunst dekorierten Apartments im Arthotel Kiebitzberg liegen in Sichtweite der Havel. Für Radfahrer stehen

eine Ladestation für E-Bikes, eine Garage und eine Reparaturstation zur Verfügung.

Am nächsten Tag wird es noch einmal spektakulär: Wo sonst kann man mit Blick auf gleich zwei große Flüsse radeln? Von Havelberg geht es über die Schleuse, dann über den Elbe-Havel-Verbindungskanal. Gemütlich auf der Krone des Deichs fahrend, schaut man links auf die Elbe, rechts auf den Gnevsdorfer Vorfluter, eine künstliche Verlängerung der Havel. An der Strecke erwarten einen Auenwälder, Altarme und kleine Seen, weidende Schafe sowie viele Vögel. Dazwischen informieren Tafeln an den »Haltpunkten Natur« über Sehenswürdigkeiten. An der Mündung der Havel in die Elbe, dem Endpunkt des Radwegs, erlaubt ein Beobachtungsturm eine weite Aussicht über den Zusammenfluss.

FAZIT: AUF DEM SCHÖNSTEN ABSCHNITT DES HAVELRADWEGS TAUCHT MAN TIEF IN DEN CHARAKTER DER REGION EIN.

Hin & weg: Rathenow ist mit dem RE erreichbar. Am Ende der Radtour in Gnevsdorf kann man weiterradeln zum Bahnhof in Wittenberge (18 km) oder Bad Wilsnack (8 km).

Beste Zeit: Frühling–Herbst.

Dauer & Strecke: 2 Tage, 75 km.

Ausrüstung: Verpflegung, Werkzeug, Sonnenschutz, Fernglas.

Wenn es Nacht wird: Kunst ist der rote Faden im Arthotel Kiebitzberg, nicht nur in den Zimmern, sondern auch in Form von Ausstellungen und Kulturveranstaltungen. Einen langen Fahrradtag kann man auf der Terrasse des hauseigenen Restaurants ausklingen lassen (www.arthotel-kiebitzberg.de).

Gerhard

AHOI, KAPITÄN

#48

Es ist ein Traum von Freiheit und Abenteuer: per Hausboot über Havel und Seen schippern, an kleinen Sandstränden zum Baden anlegen, abends in einer verschwiegenen Bucht ankern und den Grill anwerfen. Zum Beispiel auf einem Floß mit Huckleberry-Finn-Flair.

#schwimmendeLaube #Acapulco #MarkTwain

Wildgänse kreischen, ein rosafarbener Schimmer liegt über dem Horizont, Wellen plätschern sachte gegen den Bug und der Tag beginnt mit einem Bad in der Havel. Kein Klischee, sondern Realität bei einer Fahrt im Hausboot. Trotz der Popularität dieser Reiseform findet man zwischen Unterer Havelniederung, Brandenburger und Potsdamer Havelseen selbst während der Hochsaison viel Natur und Stille.

Am quirligsten geht es auf den Seen rund um Potsdam zu, wo man zahlreiche Schlösser und Parks ansteuern kann. Einsamer ist es in der Unteren Havelniederung und dem Naturpark Westhavelland. Und besonders vielfältig rund um Brandenburg an der Havel. Eine Route führt dort über die Kette des Beetzsees, vorbei an der beliebten Badeinsel Hünensteg – von den Brandenburgern liebevoll Acapulco genannt.

Auf der Havel kann man sowohl Richtung Potsdam als auch in Richtung Rathenow aufbrechen. Wer nicht so viele Kilometer zurücklegen

An heißen Tagen ist es schwer, noch einen Anlegeplatz an der Insel Acapulco zu finden (links). Brandenburg an der Havel (unten) ist ein idealer Startpunkt.

möchte, erkundet dagegen die Wasserwelt von Breitlingsee, Plauer See und Möserschem See. Die Route zu dem Trio verläuft über die Brandenburger Niederhavel, auf der man sich wie auf einem Seitenarm des Amazonas fühlt. Auf dem Breitlingsee entdeckt man mit etwas Glück einen ruhigen Ankerplatz für die Nacht auf der Kanincheninsel oder Kiehnwerder.

In den letzten Jahren ist das Angebot an Hausbooten stetig gewachsen. Besonders luxuriös sind schwimmende Häuser mit mehreren Schlafzimmern, Bad, Heizung und voll ausgestatteter Küche. Doch das echte Huckleberry-Finn-Feeling kommt nur auf einem Hausfloß auf, zum Beispiel auf einem Gefährt der Pension Havelfloß, mit Schlafmöglichkeiten für ein Paar oder eine kleine Familie, Kochnische, Trockentoilette und 12-Volt-Stromanschluss.

Viele Hausboote haben nicht mehr als 15 PS und sind führerscheinfrei zu mieten. Für eine höhere Motorleistung kann man im Rahmen einer Einführung einen Charterschein erwerben. Die Vermieter und Touristinfos stellen eine Gewässerkarte zur Verfügung, in der Marinas und Liegeplätze eingezeichnet sind. Unbedingt auf Ankerverbote achten, etwa in Naturschutzgebieten.

Badestopps sind fast überall möglich, entweder beim Ankern direkt vom Boot aus oder an einem der vielen Strände. Die meisten Dörfer haben eigene Badestellen mit Liegewiese, teilweise mit Toiletten und Gastronomie. Wer die Tierwelt erleben möchte, sollte öfter einmal den Motor abstellen – dann schärfen sich auch die Sinne für die Natur: ein kreisender Raubvogel, das Platschen eines Fischs, das Geschnatter des Vogelnachwuchses aus dem Schilf.

Tipp: In Brandenburg an der Havel gibt es einen Supermarkt mit eigenem Bootsanleger, in dem man sich für die Fahrt versorgen kann (Rewe, Neuendorfer Str. 76).

FAZIT: EINMAL KAPITÄN SEIN UND SICH WIE IN EINEM ROMAN VON MARK TWAIN FÜHLEN.

Hin & weg: Startpunkte u. a. in Brandenburg an der Havel, Potsdam, Ketzin, Milow und Hohennauen.

Beste Zeit: Frühling–Herbst. Am besten antizyklisch fahren: Während der Ferien und an den Wochenenden wird es voller auf dem Wasser und an Schleusen. Im Herbst ist ein Boot mit Heizung sinnvoll.

Dauer & Strecke: Je nach Geschmack und Zeitrahmen. Die führerscheinfreien Hausboote haben maximal 15 PS, damit kann man durchschnittlich 5–6, maximal aber 10 km pro Std. zurücklegen.

Ausrüstung: Die Vermieter haben in der Regel hilfreiche Packlisten. Wichtig sind Badesachen, Pullover, Windjacke, Regenschutz, Taschenlampe/Campinglampe/Kerzen, Fernglas, Schuhe mit rutschfester Sohle, kurze Hose für Landgänge durchs Wasser, Sonnenschutz, Mückenspray, Ohrstöpsel, Grundausstattung wie Salz/Pfeffer, Öl/Essig, Kaffee/Tee, sonstige Verpflegung und genügend zu trinken; je nach Angebot des Vermieters auch Schlafsack/Bettwäsche, Handtücher, Powerbank und Ersatzbatterien, Feuerzeug, ggf. Fahrrad oder SUP, Handschuhe als Schutz beim Schleusen.

Wenn es Nacht wird: Ein gutes Preis-Leistungs-Verhältnis bietet die Pension Havelfloß im Zentrum von Brandenburg an der Havel (www.pension-havelfloss.de). Beliebt sind auch Bungalowboote im Schwedenstil (www.bunbo.de). Achtung, für die Hauptsaison am besten schon lange im Voraus buchen!

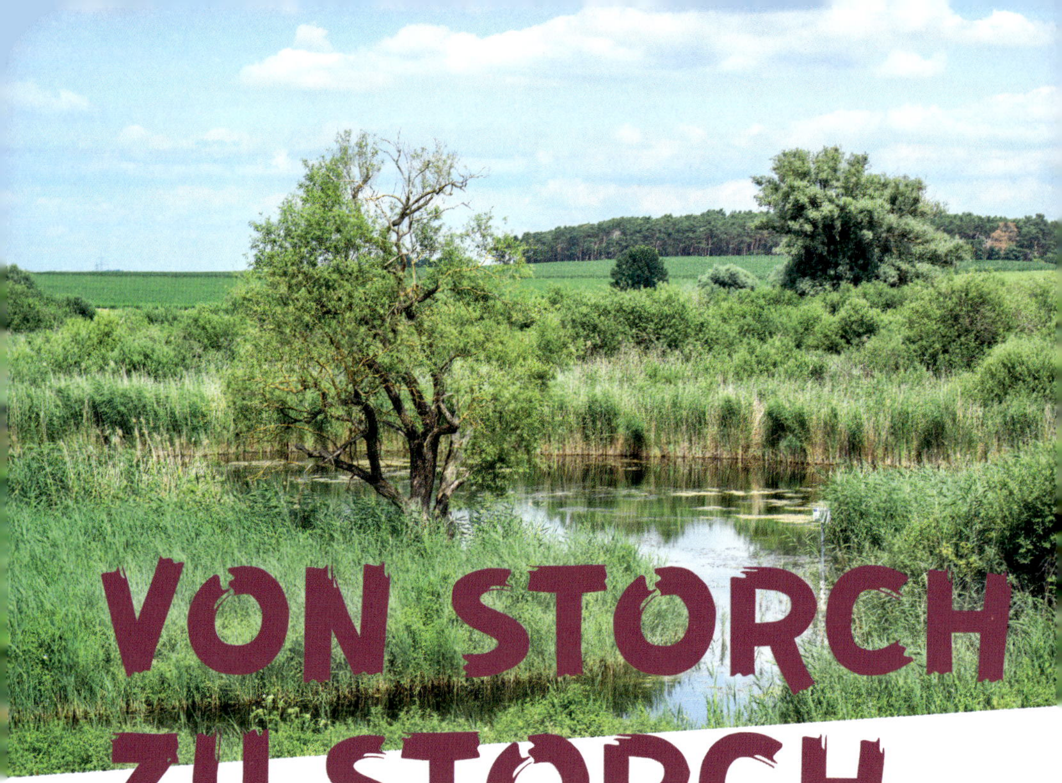

VON STORCH ZU STORCH

… rund um den Beetzsee

#49

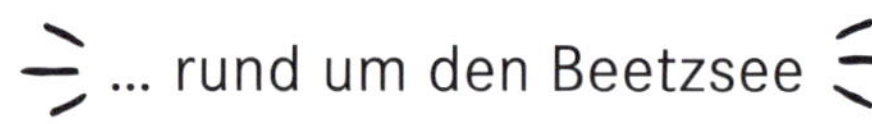

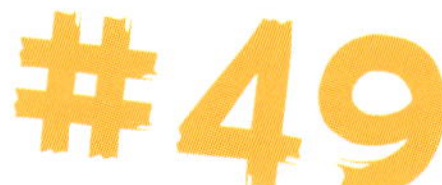

Rund 1200 Storchenpaare brüten jedes Jahr in Brandenburg. Da sollte es doch nicht so schwer sein, ein paar davon vor die Linse zu bekommen! Bei dieser Wochenendtour rund um die Kette des Beetzsees klappt es unter Garantie: Fast jedes Dorf hat mindestens ein Storchennest.

#vonDorfzuDorf #Seenland #findedenHorst #Klapperstorch

Bereit zum Abflug? Nach rund zwei Monaten sind die Jungstörche flügge.

Aus der Luft betrachtet, wirkt der 18 Kilometer lange Beetzsee mit mehreren Becken, die durch Kanäle miteinander verbunden sind, wie eine ganze Seenkette – ein ideales Revier für Störche, die in den Feuchtwiesen nach Futter suchen. Fast jeder Ort hat mindestens ein Storchennest. Auf Infotafeln sind die Horstbesetzung, Ankunft/Abflug und die Zahl der Jungen verzeichnet, die Tafeln werden allerdings nicht jedes Jahr aktualisiert.

Im März/April treffen die Störche ein, rund 30 Tage später schlüpfen die ersten Jungen. Wenn sie schon etwas größer sind, zwischen Juni und August, ist die Chance auf eine Sichtung am besten. Im August brechen sie wieder nach Süden auf. Es gibt jeweils eine offizielle Rad- und Wanderroute auf den Spuren der Klapperstörche, man kann beide aber auch kombinieren.

Los geht es am Altstädtischen Rathaus in Brandenburg an der Havel. Über Parduin und Mühlentorstraße ist der Fluss rasch erreicht, an dessen Ufer und über den Silokanal man schnell aus der Stadt kommt, vorbei am Strandbad Massowburg. Am Ortsschild Brielow rechts abbiegen, dann zweigt Am Seehof 76 rechts ein Pfad in den Wald ab, den man leicht übersieht. Ein kleiner Umweg über

Feldwege führt an drei Badestellen mit Sandstrand an der Havel entlang. Danach folgt das Storchennest von Brielow. Bitte nicht versäumen, die beeindruckende Schwedenlinde auf dem Friedhof zu bewundern! Auch im nächsten Ort Radewege mit seinen Vierseithöfen, Kirche und Kriegerdenkmal steht am Ortseingang ein Storchennest an der Hauptstraße. Lust auf einen Kaffee zwischendurch? Im Hofcafe am See locken Selbstgebackenes und Snacks (www.psl-radewege.de). Vorbei am Bootsanleger mit Badestelle verlässt man den Ort über die Straße Am Hasselberg.

Hin & weg: Mit RE 1 aus Richtung Magdeburg oder Berlin nach Brandenburg an der Havel.

Beste Zeit: Während der Storchensaison von März/April–spätestens Ende August. Zwischen Mitte Mai und August sieht man die Jungstörche im Nest.

Dauer & Strecke: 2 Tage für eine Wochenendtour, aber auch als Tagestour möglich; 41,5 km.

Ausrüstung: Fernglas und Kamera mit Teleobjektiv, an warmen Tagen Badesachen, Sonnenschutz.

Wenn es Nacht wird: Unter dem Dach der Schönen Scheune in Lünow befinden sich vier moderne Apartments, Fahrräder und Boote können geliehen werden (www.schoenescheune.de). Rustikaler, aber ebenso ruhig sind die Ferienwohnungen Zur Möweninsel mit großem Garten (https://zurmoeweninsel.business.site).

In Butzow lohnt ein Abstecher zum Storchennest kurz vor Ortsende. Nach weiteren zwei Kilometern gelangt man nach Ketzür mit seiner Kirche aus dem 13. Jahrhundert, der Bockwindmühle und dem Havelstrand mit großen Wiesen. Dies ist einer der schönsten Orte entlang der Strecke. Tipp: Im Hofladen der Mosterei kann man sich mit leckeren Säf-

Kurze Kanäle verbinden die einzelnen Becken des Beetzsees (rechts). In Radewege mit seiner mächtigen Dorfkirche gibt es mehrere Einkehrmöglichkeiten.

ten und weiteren regionalen Produkten versorgen (www.mosterei-ketzuer.de).

Nachdem man einen Beobachtungsturm passiert hat, verläuft der Radweg weiter durch die Havelauen, dann wechselt er über eine Brücke auf die östliche Seeseite. Im Dörfchen Lünow (Storchennest hinter dem Ortsschild) gibt es mehrere Ferienwohnungen in absoluter Ruhe direkt am Havelufer. Hier kann man den Tag am gepflegten Strand ausklingen lassen.

Wie wäre es mit einem Morgenspaziergang vor der Weiterfahrt? Im Nachbardorf Päwesin hat die wohl ungewöhnlichste Bäckerei des Havellands ihren Sitz: Backwahn heißt der Laden einer buddhistischen Klosterschule. Anschließend geht es zurück nach Brandenburg an der Havel, vorbei am historischen Domstiftsgut Mötzow samt Storchennest, Restaurant und Hofladen und durch Klein Kreutz.

FAZIT: GARANTIERTE STORCHSICHTUNG, ALS ZUGABE VERSCHLAFENE DÖRFER UND EINSAME BADESTELLEN AM FLUSS.

UNTER DER MILCHSTRAßE

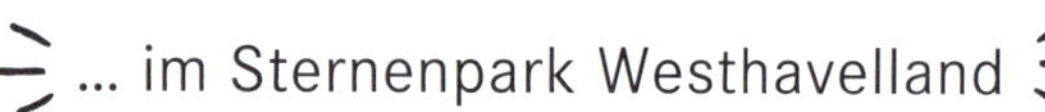

... im Sternenpark Westhavelland

#50

Romantische Nächte, in denen man in die Sterne blickt und über das Leben sinniert: Dafür sind die Bedingungen im einsamen Westen des Havellands am besten. Umso mehr, seit man im Dörfchen Rübehorst einen Cabrio-Wohnwagen namens Sternenschnuppe mieten kann.

#Sternenerklärer #GroßerWagen #dunkel #DarkSkyReserve

Cabrio für Sternegucker: Wohnwagen in Rübehorst.

→ MINIURLAUB …

Als Astronomen vor gut zehn Jahren zum ersten Mal den nächtlichen Himmel über dem Westhavelland untersuchten, war das Staunen groß: Kaum eine andere Region in Deutschland ist so dunkel und frei von Lichtverschmutzung. Seitdem ist viel passiert. Ein 1300 Quadratkilometer großes Gebiet trägt nun den Titel Dark Sky Reserve der International Dark Sky Association, als erster Sternenpark in Deutschland.

In einer eigenen Beleuchtungsrichtlinie haben sich die Gemeinden verpflichtet, Lichtquellen zu reduzieren oder ganz abzuschaffen, sodass nachts kaum noch künstliches Licht eingesetzt wird. Davon profitiert auch die

Tierwelt. Starke Lichtquellen locken nämlich nachtaktive Insekten aus ihrem natürlichen Lebensraum und sogar Zugvögel werden manchmal von ihrer Route abgelenkt. Seitdem strömen immer mehr Sternenfans in die besonders dunkle Kernzone zwischen Parey, Haage, Nackel und Joachimshof. Mittendrin liegt das Sternencamp Rübehorst, wo man in umgebauten kleinen Wohnwagen mit Cabrio-Dach, den sogenannten Sternenschnuppen, mit Blick in den Nachthimmel einschlafen kann – inklusive Hörerlebnis über die App

---

Hin & weg: Wochentags mit Bus 689 ab Rhinow oder Großderschau, alternativ mit Bahn und Fahrrad über Neustadt/Dosse (RE 2 Cottbus–Berlin–Wittenberge, ca. 14 km) oder Rathenow (RE 4 Jüterbog–Berlin–Rathenow/Stendal, ca. 26 km). Parkplätze vor dem Sternencamp.

Beste Zeit: Sternenbeobachtung am besten zwischen Herbst und Frühjahr. Eher nicht von Mai–Juli, wenn die Nächte am hellsten sind, und nicht in Nächten mit Vollmond. Vorher den Wetterbericht prüfen, damit der Himmel möglichst wolkenlos ist. Rund 1,5 Std. nach Sonnenuntergang setzt die vollständige Dunkelheit ein.

Dauer: 2–3 Tage, sodass man mindestens eine komplette Nacht unter den Sternen verbringen kann.

Ausrüstung: Im Idealfall ein Teleskop, sonst ein Fernglas, Kamera mit Stativ für lange Belichtungszeiten, warme Kleidung/Decken und eine Thermoskanne mit heißem Tee, denn die Nächte können kalt werden, außerdem eine Sternenkarte oder App. Und unbedingt Mückenschutz!

Wenn es Nacht wird: Das weitläufige Gelände des Sternencamps Rübehorst bietet Platz für Sternenschnuppen-Wohnwagen, Glamping-Zelte, Caravans und eigene Zelte (www.sternencamp.de).

Im Gelände des Sternencamps darf man ernten, was gerade reif ist – dafür ist Hilfe beim Gießen und der Gartenpflege willkommen.

Visit Dark Skies. Eine sonore Stimme erklärt dabei einzelne Sternenbilder und hilft bei der Orientierung am Nachthimmel.

Jeder Wohnwagen ist mit Doppelbett, Kocher, Geschirr und Kühlbox ausgestattet. Wer kein eigenes Frühstück dabeihat, bestellt ein paar Tage vorher im Bioladen des Dorfes einen leckeren Frühstückskorb (Tel. 0152 06011242, fruehstueck.laden@gmail.com).

Alternativ schlummert man in einem Glamping-Zelt oder bringt sein eigenes Zelt mit. Es gibt Duschen und WCs, einen Grill und eine Feuerstelle sowie einen kleinen Gemüsegarten, in dem man sich bedienen darf. Tagsüber paddelt man in einem Mietkanu auf der Alten Jäglitz mit Verbindung zur Havel oder erkundet die Gegend mit einem der Fahrräder, die zur freien Verfügung stehen.

Tipp: Wer lieber auf eigene Faust in die Sterne schaut, steuert einen der zehn offiziellen Beobachtungsplätze des Sternenparks an, die mit dem Auto erreichbar sind – campen darf man dort jedoch nicht. Sie wurden so ausgewählt, dass keine Lichter stören und Teleskope aufgestellt werden können (www.sternenpark-westhavelland.de).

FAZIT: ROMANTIK PUR IM RETRO-WOHNWAGEN MIT OFFENEM DACH UNTER DEM SCHÖNSTEN STERNENHIMMEL IM LAND.

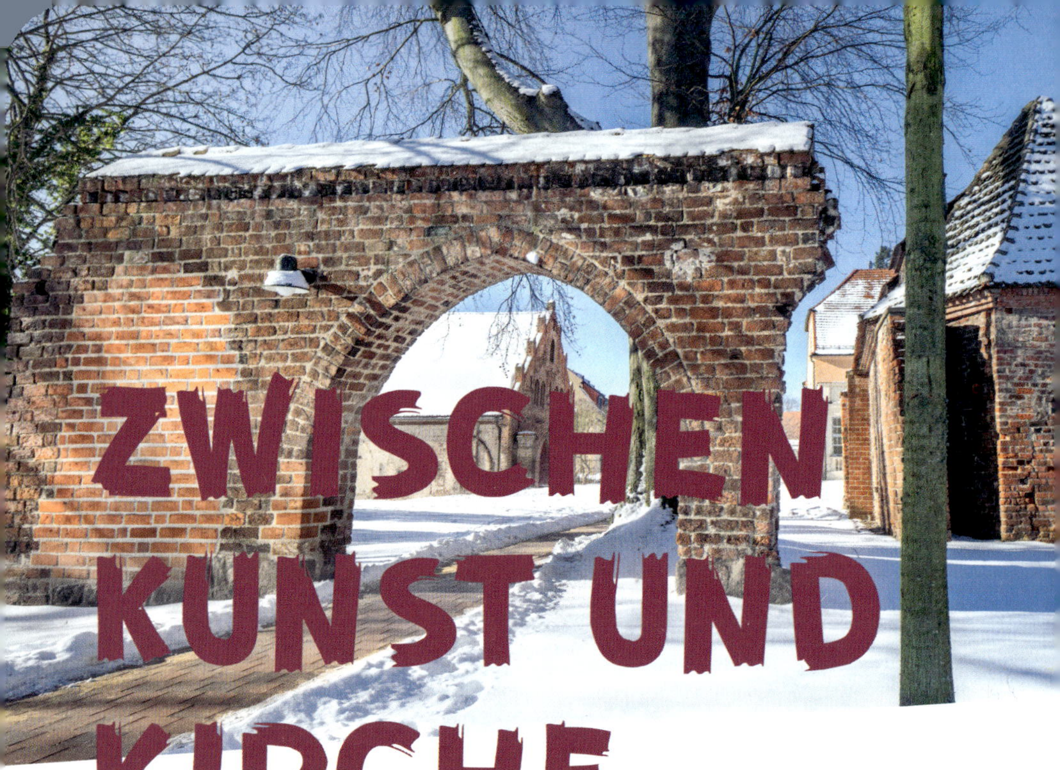

ZWISCHEN KUNST UND KIRCHE

... am Lehniner Klostersee

#51

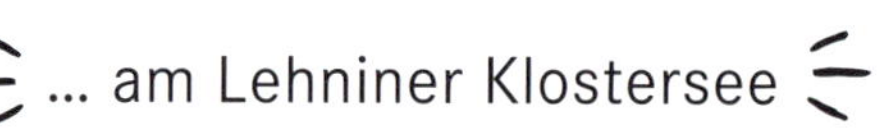

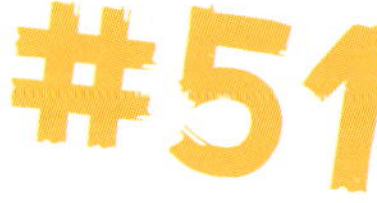

Wo im Mittelalter Mönche flanierten, säumen heute Kleingärten und Dörfer den Klostersee in Kloster Lehnin. An einem verschneiten Wochenende, wenn die Kunstwerke im Skulpturengarten weiß bestäubt sind, ist die Atmosphäre besonders faszinierend – und man kann sogar übernachten.

#Klosterleben #Backsteinbau #Skulpturengarten #GästehausamSee

Kloster Lehnin war im Mittelalter bedeutend und wohlhabend.

Die Wanderung startet an der Torkapelle von Kloster Lehnin. Es geht vorbei am Parkplatz, dann links in die Kurfürstenstraße und an der historischen Posthalterei erneut links in die Damsdorfer Chaussee. Nach gut 100 Metern weist die Markierung des Rundweges – grüner Punkt auf weißem Grund – in einen schmalen Durchgang. In der Mühlengasse hält man sich weiter links und folgt der Straße am Klostersee.

Gärten und Einfamilienhäuser säumen den Weg oberhalb der Emster, dem südlichen Abfluss des Klostersees. Am Waldrand läuft man links weiter und passiert die Fischerei Schröder, in der man sich mit Räucherfisch für ein Picknick eindecken kann. Doch eigentlich wartet gleich nebenan mit dem Ufercafé in einem Pavillon am Wasser die schönste Einkehrmöglichkeit an der Strecke.

Das Café ist Teil des Skulpturengartens des Lehniner Instituts für Kunst und Kultur. Mehr als 50 Arbeiten zeitgenössischer Kunst, überwiegend langfristige Leihgaben, verteilen sich über das Gelände eines einstigen Sägewerkes, am Seeufer und sogar über der Wasserfläche. Faszinierend ist zum Bei-

spiel »Energiespender« von Salah Saouli mit rot bemalten Ästen, die an durchsichtigen Schnüren in einem Baum hängen. Hier kann man sich übers Gelände treiben lassen oder einfach auf der großen Seeterrasse chillen. Und man findet im angeschlossenen Gästehaus schlichte und trotzdem gemütliche Zimmer mit Gartenblick. Wer sich durch die viele Kunst inspiriert fühlt, bucht ein Atelier dazu. Oder man bricht zu einer weiteren Wanderung auf, etwa durch die Seenlandschaft im Quellgebiet der Emster.

Nach weiteren 500 Metern erreicht man das Strandbad Lehnin mit seinem Retrocharme, danach biegt der Weg bald in den Wald ab. An einer Kreuzung an der Nordspitze des Sees geht es nach links weiter am Ufer entlang und vorbei an der Autobahn. Am Dorfplatz von Nahmitz bilden Kirche und historisches Spritzenhaus (mit kleiner Feuerwehrausstellung) ein schönes Ensemble. Fans von Liebesroma-

---

Hin & weg: Ab Brandenburg an der Havel mit Bus 553, ab Potsdam Hauptbahnhof mit Bus 580. Parkplatz an den Evangelischen Kliniken, Zufahrt über Kurfürstenstraße

Beste Zeit: Zu jeder Jahreszeit. Verwunschene Stimmung im Winter, Bademöglichkeit im Sommer.

Dauer & Strecke: Ein Wanderwochenende rund um Kloster Lehnin. Die Wanderung rund um den Klostersee dauert 3–5 Std. für 7,5 km inkl. Einkehr und Skulpturengarten.

Ausrüstung: Wanderschuhe.

Wenn es Nacht wird: Die Unterkünfte am Kunstort Lehnin umfassen neben den Gästezimmern auch Schlafsäle und die Möglichkeit, sein eigenes Zelt aufzuschlagen. Verpflegung kann dazugebucht werden (https://kunstortlehnin.de).

Auch im Winter ein toller Zwischenstopp: Terrasse des Lehniner Instituts für Kunst und Kultur.

nen können sich dort in einem Glasschrank mit Literatur eindecken – eine Initiative der Landfrauen.

Durch Wald und Weiden wandert man an der Westseite des Sees zurück, vorbei an einem Koigarten (im Winter geschlossen) bis zum Emster Kanal, dem der Weg bis Kloster Lehnin folgt. Es lohnt sich, zum Abschluss noch über die Anlage des einstigen Zisterzienserklosters mit Marienkirche und mächtigem Kornspeicher, Königshaus und Streuobstwiese zu spazieren.

FAZIT: EIN SPRUNG ÜBER MEHRERE JAHRHUNDERTE VOM HISTORISCHEN KLOSTER BIS ZU MODERNER KUNST.

DORF. LAND. FLUSS

... auf der Insel Töplitz

Eine einsame Insel mitten im Havelland – das gibt es nicht! Oder doch? Beim Wandern über Töplitz bleibt man meist unter sich. Abgesehen von den Rehen, Wildgänsen und Eisvögeln, die in den Feuchtwiesen am Fuße des Klosterbergs ihr Revier haben.

#überschwemmt #Biowein #Dorfleben #wildeWeite

Im Norden von Töplitz verläuft der Sacrow-Paretzer Kanal.

Am Dorfplatz von Alt Töplitz überquert man die Straße An der Havel und passiert die kleine Kirche mit verwildertem Pfarrgarten. Nach 100 Metern links in die Gasse Zur Badestelle abbiegen und kurz darauf rechts halten. Vom Badestrand blickt man über den Kleinen Zernsee zum Ort Phöben. An der nächsten Gabelung links halten, dann zunächst durch Wiesen, später links in eine Kopfsteinpflasterallee.

Kurz vor einer Linkskurve nimmt man rechts den Feldweg in die weiten Feuchtwiesen, die den Inselsüden prägen. Gut möglich, dass man schon Rehe entdeckt oder nordische Wildgänse, die hier in großer Zahl rasten oder überwintern. Bald kommt rechts der Klosterberg in Sicht, an dessen Südseite Wein angebaut wird.

Nach knapp zwei Kilometern durch dieses offene Land ist eine T-Gabelung erreicht. Rechts führt ein Abstecher auf den Weinberg – die Aussicht sollte man sich nicht entgehen lassen – die Besenwirtschaft des Bioweinguts (www.weingut-toeplitz.de) hat jedoch nur im Sommer geöffnet. An der T-Gabelung links weiter und nach 400 Metern rechts zum sumpfigen Bruchwald um die Göttiner Erdelöcher. Bäume liegen im Wasser, Datschen

schimmern zwischen den Bäumen durch, bunte Boote dümpeln in einer kleinen Bucht. Das Örtchen Göttin ist schnell durchquert.

Nach dem letzten Haus biegt man links ab und am Waldrand erneut links in den dichten Auenwald entlang des Göttiner Sees, dessen Ufer man auf einem erhöht gelegenen Pfad folgt – der wildeste Abschnitt dieser Wanderung. Am Sacrow-Paretzer Kanal nach rechts. Wer ein Picknick dabeihat, findet auf der schmalen Landbrücke links ganz sicher einen Platz.

Die Strecke begleitet für einen guten Kilometer den historischen Kanal, auf dem große Frachtschiffe und Motorjachten unterwegs sind. An einem kleinen Parkplatz schlägt man den Plattenweg nach rechts ein, der in hüge-

Am Göttiner See liegen die Boote der Einheimischen. Auf der Landbrücke weiter nördlich findet man viele einsame Stellen für ein Picknick.

liges Ackerland führt. Am nächsten Abzweig geht es links, dann rechts über den kerzengeraden Weg zurück in die Ortsmitte.

Wer sich an der Weite noch nicht sattgesehen hat, der erkundet am nächsten Tag die Ostseite der Insel mit dem Ort Leest sowie dem Naturschutzgebiet des Wolfsbruchs und möglichem Abstecher über die Wublitzbrücke aufs Festland. Oder man besucht die Altstadtinsel von Werder, die sich im Winter von ihrer beschaulichen Seite zeigt.

FAZIT: AUENWÄLDER, FEUCHTWIESEN, SCHILFGÜRTEL UND EIN KANAL – DAS WASSERELEMENT IST HIER EINFACH ÜBERALL PRÄSENT.

Hin & weg: Am besten mit dem Auto über die A10 bis Alt Töplitz, alternativ ab Bahnhof Potsdamer Golm oder ab der Haltestelle Schlänitzseer Weg mit Bus 612/634.

Beste Zeit: Zu jeder Jahreszeit. Bei Schnee ein Wintertraum, im Herbst besonders viele nordische Gänse, im Sommer mit Badestellen.

Dauer & Strecke: Ein Wanderwochenende zwischen Töplitz, Golm und Werder. Die Wanderung über 13 km dauert mit Picknick 4–5 Std.

Ausrüstung: Warme Kleidung, Fernglas zur Vogelbeobachtung, Verpflegung.

Wenn es Nacht wird: Auf der Insel Töplitz gibt es nur wenig Übernachtungsangebote und Gastronomie. Dafür findet man rund 20 Autominuten entfernt in der Altstadt von Werder das neue Hotel mein.werder mit modern-gemütlichen Gästezimmern und Apartment. Im angeschlossenen Restaurant werden Brandenburger Tapas aus regionalen Zutaten serviert (www.meinwerder-hotel.de).

SONST NOCH WICHTIG

KRANICHE

HAUS-
BOOT

SCHLOSS
SANSSOUCI

Ein- und Überblick

Karten für den schnellen Überblick, praktische Tipps, mehr über die Autorin sowie ein Ortsregister zum schnellen Nachschlagen gibt es auf den folgenden Seiten.

GPX-Download aufs Smartphone – so geht's

Voraussetzung:
Eine Outdoor-App muss installiert sein, z. B. KOMPASS, Outdooractive oder Komoot. Zum Einlesen des QR-Codes benötigen ältere Android-Geräte eine QR-Code-App. Bei neueren Android- und iOS-Geräten ist diese Funktion in der Kamera integriert.

Daten downloaden:

1. Den QR-Code einlesen oder die Webadresse im Browser eingeben, um auf die Eskapaden-Website zu gelangen.
2. Die gewünschte Tour zum Download anklicken.
3. Bei IOS-Geräten werden die GPX-Daten direkt mit der vorab installierten App verknüpft. Bei Android-Geräten muss ggf. noch ein Weiterleiten-Button geklickt werden (z. B. oben rechts im Display). Manche Apps zeigen den Tourverlauf starr an, andere haben eine Navigationsfunktion dabei.

Tourenverlauf

GPX-Daten zum kostenlosen Download www.dumontreise.de/eskapaden/potsdam-havelland

short.travel/2x33v

Auf den folgenden Seiten: Die Eskapaden in Potsdam und im Havelland in drei Übersichtskarten. Die Ziffern stehen für die Eskapaden-Nummern.

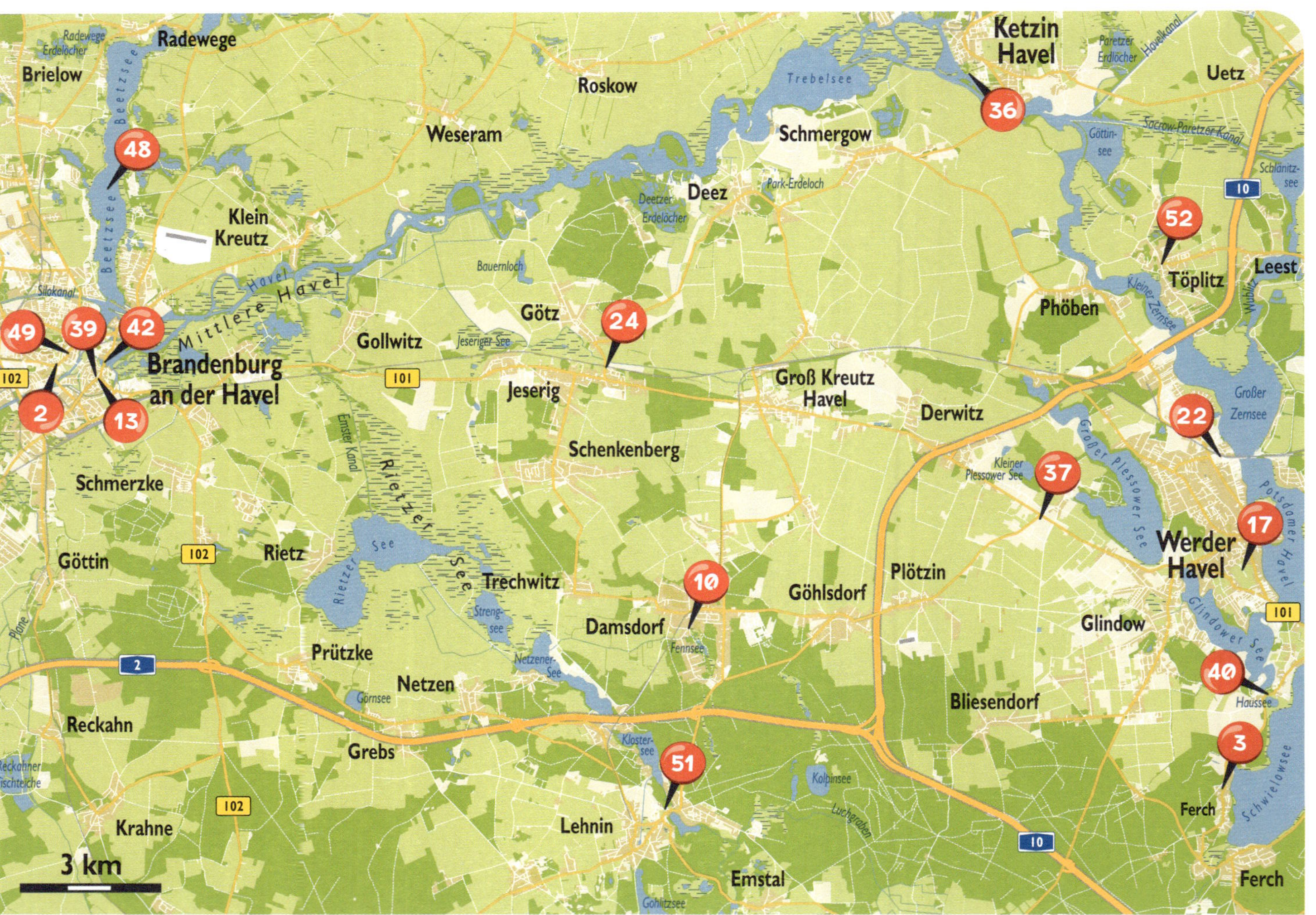
Brielow
Radewege
Radewege Erdelöcher
Beetzsee
48
Roskow
Weseram
Ketzin Havel
36
Trebelsee
Paretzer Erdlöcher
Havelkanal
Uetz
Sacrow-Paretzer Kanal
Göttinsee
Schmergow
Deez
Deetzer Erdelöcher
Park-Erdeloch
Schlänitzsee
10
52
Klein Kreutz
Bauernloch
Töplitz
Leest
Wublitz
Kleiner Zernsee
Phöben
Silokanal
Havel
Mittlere Havel
Götz
24
49
39
42
Brandenburg an der Havel
Gollwitz
Jeseriger See
101
Jeserig
Groß Kreutz Havel
Derwitz
Großer Zernsee
22
102
2
13
Schenkenberg
Kleiner Plessower See
37
Großer Plessower See
Potsdamer Havel
17
Werder Havel
Schmerzke
Emster Kanal
Rietzer See
Göttin
Rietz
Trechwitz
10
Göhlsdorf
Plötzin
Glindow
Glindower See
Plane
Streng-see
Damsdorf
Fennsee
Prützke
Netzener See
40
Haussee
Netzen
Görnsee
Bliesendorf
Reckahn
3
Grebs
Klostersee
51
Kolpinsee
Schwielowsee
Reckahner Fischteiche
Luchgraben
Ferch
Krahne
Lehnin
3 km
Emstal
Gohlitzsee
Ferch

Nedlitz
Königs-
wald
Sacrow
Sacrower See
Pfauen-
insel
Havel
Jungfernsee
Düppeler
Forst
Glienicker
Park
Königstraße
Klein
Glienicke
Bornim
Amundsenstraße
Nedlitzer Straße
Bornstedter
Feld
Potsdamer Straße
Katharinen-
holz
Pappelallee
Nauener
Vorstadt
Heiliger See
Berliner
Vorstadt
Tiefer See
Bornstedt
Voltaireweg
Jäger-
vorstadt
Maulbeerallee
Park Sanssouci
Hegelallee
Kurfürstenstraße
Berliner Straße
Potsdam
Nördliche
Innenstadt
Allee nach Glienicke
Karl-Marx-Straße
Behringstraße
Griebnitzsee
Brandenburger
Vorstadt
Alt Nowawes
Babelsberg Nord
Rudolf-Breitscheid-Straße
Südliche
Innenstadt
Friedrich-Engels-Straße
Potsdam
West
Forststraße
Zeppelinstraße
Potsdamer Havel
Babelsberg Süd
August-Bebel-Straße
Nuthestraße
Großbeerenstraße
Vorder-
kappe
Hermans-
werder
Hinter-
kappe
Templiner
Vorstadt
Brauhausberg
Teltower
Vorstadt
Nuthe
600 m

NOCH MEHR ESKAPADEN ...

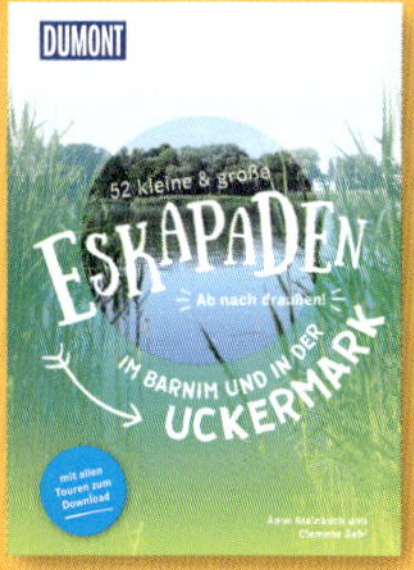

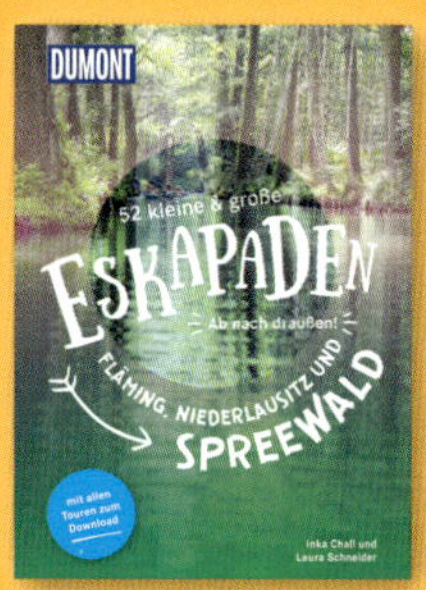

ISBN 978-3-616-11007-3 ISBN 978-3-7701-8080-6 ISBN 978-3-616-11013-4

... erhalten Sie im gut sortierten Buchhandel und unter www.dumontreise.de

IMPRESSUM

Reihenkonzept Monique Sorban

Projektmanagement Susanne Heimburger, Svenja Heinle & Tamara Siedler

Cover-/Buchgestaltung & Illustrationen Carolin Weidemann, Köln, www.weidemann-design.com

Umschlaggestaltung, Lektorat & Produktion Verlagsbüro Wais & Partner (Meike Diekmann, Beate König, Julia Rietsch, Kai Wieland), Stuttgart, www.wais-und-partner.de

Text & Fotos Oliver Gerhard, Berlin, www.foto-reportage.de; mit folgender Ausnahme: Förderverein Großtrappenschutz e. V. (S. 11)

Kartografie © KOMPASS, Innsbruck, unter Verwendung von Kartendaten von © OpenStreetMap-Mitwirkende, Lizenz CC-BY-SA 2.0

Hinweis Alle Informationen wurden mit größtmöglicher Sorgfalt geprüft. Infolge der Corona-Pandemie kann es allerdings zu kurzfristigen Geschäftsschließungen und anderen Änderungen vor Ort gekommen sein.

Printed in Poland

1. Auflage 2022

ISBN 978-3-616-11030-1

www.dumontreise.de

Weiterlesen

Das Brandenburg-Magazin des Berliner Tagesspiegels mit Reportagen und Infoteil erscheint jedes Frühjahr. Das Magazin »Sans, Souci.« der Schlösserstiftung mit News aus dem Kulturerbe kann man kostenfrei herunterladen (www.spsg.de). Über die Region berichtet die Märkische Allgemeine (www.maz-online.de).

Geschmackssachen

Im Havelland gibt es eine wachsende Zahl von Hofläden, Manufakturen und regionalen Produzenten, etwa in Werders Obstanbaugebiet (#37). Fisch aus Havel und Gülper See kann man in der Fischerei Schröder probieren (#45), Weine vom Wachtelberg in der Straußwirtschaft Weintiene (#17).

GUT ZU WISSEN …

Ohne Auto

Die meisten Ziele in diesem Band sind gut mit öffentlichen Verkehrsmitteln erreichbar, besonders in der Kombination mit dem Fahrrad. Mehrere Linien der Regionalbahn und S-Bahn führen ins Havelland, darunter der RE 1 (Magdeburg-Berlin-Frankfurt/Oder), RE 2 (Cottbus-Berlin-Wittenberge/Wismar) und RE 4 (Jüterbog-Berlin-Stendal/Rathenow). Fahrtzeiten findet man unter www.bahn.de, www.vbb.de und www.havelbus.de. Manche Gebiete im Westhavelland bereist man am besten mit dem Auto.

Sicherheit & Notfälle

Zentrale Notrufnummer ist die 112 – gebührenfrei aus allen Netzen erreichbar, auch mobil. Feuerwehr und Rettungsdienste werden so alarmiert.

Vor Ort im Netz

Weitere Tipps zu Touren mit GPS-Tracks unter www.dein-havelland.de, Empfehlungen auch unter www.reiseland-brandenburg.de. Detailliert berichtet der Blog blog.brandenburg-wegesammler.de

ESKAPADEN-REGISTER ...

Alle Orte mit Seitenverweisen

OLIVER GERHARD

… über den Autor

Oliver liebt die drei »W-s«: Wasser, Weite, Wildnis. Und hat alle drei im Havelland gefunden. Der Journalist, Fotograf und Redakteur schwärmt fast jedes Wochenende von Berlin zum Wandern, Radfahren, Paddeln und Fotografieren aus und findet dabei immer wieder das (positive) Klischee bestätigt, dass man im Havelland wesentlich mehr urwüchsige, einsame Ecken entdeckt als im Rest Deutschlands, zum Beispiel beim Paddeln auf der verwunschenen Gülper Havel, beim Radfahren zu den Rastplätzen der Zugvögel oder bei einer Winterwanderung auf der Insel Töplitz. Und auch im vielbesuchten Park Sanssouci entdeckte er noch exotische Geheimtipps. Mehr über seine Arbeit und Reisen erzählt Oliver unter www.foto-reportage.de

Nacht in der Kirche

Eskapade #44: Das berühmte Haus am See ist zum Klischee für den Traum vom Landleben geworden. Im Dörfchen Briest treibt man es auf die Spitze: Ein Wochenende in der Kirche am Fluss ist Entspannung pur.

Husch ins Körbchen

Eskapade #6: Frisbee spielen ist kinderleicht. Doch was passiert, wenn man eine Scheibe über größere Distanzen in einen Korb werfen muss? Beim Discgolf im Potsdamer Volkspark kann man es probieren.

5 BESONDERE EMPFEHLUNGEN ...

Inselhopping

Eskapade #48: Ein komplettes Hausboot mit allen Schikanen? Viel romantischer ist es, mit einem rustikalen Floß über die Seen rund um Brandenburg an der Havel zu schippern. Am besten Mark Twains »Huckleberry Finn« als Lektüre mitnehmen!

Kunst im Park

Eskapade #26: Um Kunst zu genießen, muss man in Potsdam nicht ins Museum gehen. Mehr als 150 Werke verteilen sich überall in der Stadt. In den Gärten der Freundschaftsinsel findet man die meisten.

Gipfelstürmer

Eskapade #40: Zugegeben, riesige Berge gibt es im Havelland nicht. Doch in den Glindower Alpen mit ihrer Schluchtenlandschaft kommt trotzdem Bergsteiger-Feeling auf. Umso mehr, wenn Schnee in dem urwüchsigen Wald liegt.